Historia de la Iglesia

El legado de la fe

Fundamentos de la fe católica
Serie ministerio pastoral

Kevin L. Hughes, Ph.D., S.T.D.

Thomas P. Walters, Ph.D.
Editor de la serie

NATIONAL CONFERENCE FOR
CATECHETICAL LEADERS~~~

LOYOLA PRESS.
MINISTERIO JESUITA
Chicago

D1469062

LOYOLA PRESS.
UN MINISTERIO JESUITA

3441 N. Ashland Avenue
Chicago, Illinois 60657
(800) 621-1008
www.loyolapress.com

Nihil Obstat	*Imprimatur*
Reverendo Louis J. Cameli, S.T.D.	Obispo electo George J. Rassas
Censor Deputatus	Vicario General
15 de diciembre de 2005	Arquidiócesis de Chicago
	16 de diciembre de 2005

El *Nihil Obstat* e *Imprimatur* son declaraciones oficiales de que un libro está libre de errores doctrinales y morales. Aun así, tal afirmación no implica que quienes han concedido el *Nihil Obstat* e *Imprimatur* estén de acuerdo con el contenido, opiniones o declaraciones expresadas.

Publicado originalmente en inglés bajo el título *Church History. Faith Handed On*. Traducción al castellano por Francisco Manuel López García.

Ilustración de portada: Steve Snodgrass. Diseño de portada e ilustraciones interiores: Other Brother Design. Los reconocimientos que aparecen en la página 143 constituyen una continuación de la página de los derechos reservados.

Información catalogada en la Biblioteca del Congreso
Hughes, Kevin L.
 [Church history. Spanish]
 Historia de la iglesia : el legado de la fe / Kevin L. Hughes.
  p. cm. — (Fundamentos de la fe católica)
 Includes bibliographical references (p. 142).
 ISBN-13: 978-0-8294-2374-7
 ISBN-10: 0-8294-2374-5
 1. Catholic Church—History. 2. Church history. I. Title. II. Series.
BX945.3.H8418 2006
270—dc22

2005032484

Impreso en los Estados Unidos de América.

17 18 19 20 21 22 23 Bang 13 12 11 10 9 8

Índice

Acerca de la serie

Fundamentos de la fe católica: serie ministerio pastoral ofrece una comprensión profunda y accesible de los fundamentos de la fe católica a los adultos que se preparan para un ministerio laico y a quienes se interesan en su propio crecimiento personal. La Serie ayuda a los lectores a explorar la Tradición católica y aplicar lo aprendido a su propia vida y situaciones ministeriales. Cada título ofrece una confiable introducción a un tema específico y proporciona una comprensión fundamental de los conceptos.

Cada ejemplar de la serie presenta una comprensión católica de sus temas respectivos, tal como se encuentran en la Escritura y en la enseñanza de la Iglesia. Los autores han puesto atención especial a los documentos del Concilio Vaticano II y al *Catecismo de la Iglesia Católica*, de manera que por medio de estas fuentes esenciales puede emprenderse un estudio ulterior.

Los capítulos concluyen con preguntas de estudio que pueden usarse en grupos pequeños o en la reflexión personal.

La iniciativa de la National Conference for Catechetical Leadership (NCCL) llevó al desarrollo de la versión anterior de esta serie. La indispensable contribución del editor de la serie, Dr. Thomas Walters, ayudó a asegurar que los conceptos e ideas presentadas aquí fuesen fácilmente accesibles a una mayor audiencia.

Normas para certificación: materiales para el ministerio eclesial

Cada libro en esta serie de teología hace referencia a las normas para certificación identificadas en los documentos que se mencionan más abajo. Tres organizaciones nacionales para el ministerio eclesial han aunado su experiencia profesional para ofrecer en un sólo documento las normas que deberán observarse en la preparación de ministros capacitados para dirigir la catequesis parroquial, la pastoral juvenil y los coordinadores de la pastoral parroquial. Un segundo documento presenta las normas para la certificación de los demás ministros pastorales. Ambos documentos también incluyen las aptitudes personales, teológicas y profesionales que deberán cultivar los que participan en todos los ministerios eclesiales.

Normas Nacionales para Certificación de Ministros Eclesiales Laicos para los Dirigentes de la Catequesis Parroquial, Dirigentes de la Pastoral Juvenil, Asociados Pastorales, Coordinadores de Vida Parroquial. National Conference for Catechetical Leadership, Washington, D.C., 2003.

Normas Nacionales para Certificación de Ministros Pastorales: National Association for Lay Ministry, Inc. (NALM), 2005.

Ambos documentos presentan la amplia gama de conocimientos y aptitudes que exigen los ministerios catequéticos y pastorales de la Iglesia y establecen las pautas necesarias para desarrollar programas de capacitación que incluyan todos los aspectos que las organizaciones responsables de su desarrollo han considerado importantes para esas tareas. Esta Serie para el ministerio pastoral se ofrece como complemento a los ministros pastorales para facilitar el logro de estas metas.

La constatación de que existen objetivos comunes permite identificar un fundamento unificador para quienes preparan a los dirigentes del ministerio pastoral. Se pueden obtener copias de este documento llamando directamente a estas organizaciones o visitando sus páginas digitales:

NALM
6896 Laurel St. NW
Washington DC 20012
202-291-4100
202-291-8550 (fax)
nalm@nalm.org/ www.nalm.org

NCCL
125 Michigan Ave. NE
Washington DC 20017
202-884-9753
202-884-9756 (fax)
ccl@nccl.org / www.nccl.org

NFCYM
415 Michigan Ave. NE
Washington DC 20017
202-636-3825
202-526-7544 (fax)
info@nfcym.org / www.nfcym.org

Introducción

¿Por qué historia de la Iglesia?
La frase "historia de la Iglesia" dificulta cualquier conversación. A quien me pregunte a qué me dedico, le puedo responder: "soy historiador del cristianismo" o "historiador de la Iglesia" o "teólogo de la historia". Pero, por muy cuidadosa que sea mi respuesta, siempre obtengo la misma mirada inexpresiva; la vaga afirmación de "Oh, qué interesante…" y el súbito cambio de conversación.

"Historia" evoca, para muchos, a un maestro regañón; a un profesor apacible, hablando monótono sobre gente y hechos de un pasado remoto. Para otros, la palabra "historia" significa prolongadas noches, memorizando nombres y fechas antes de un examen escolar. Puede suscitar, también, imágenes oscuras, hechos lamentables acaecidos en el pasado. Cualquiera que sea la asociación, no siempre es buena. ¿Qué podría ser interesante o importante, para los directores de educación religiosa, acerca de la historia de la Iglesia? ¿Podríamos recomponer esta limitada visión de la historia?

Intenta tomar distancia de tus prejuicios sobre lo que es la "historia". Intenta una nueva manera de pensar respecto a este tema. Cuando reflexiono sobre quién soy como persona, necesariamente me planteo la pregunta ¿de dónde vengo? Entonces, veo mi historia familiar, mi herencia étnica, y la manera en que mis padres se conocieron. Todos esos detalles, por mencionar un ejemplo, me ayudan a comprender mejor cómo he llegado a ser el que soy. ¡Es emocionante darse cuenta de los propios orígenes! ¿Cuántos de nosotros hemos escuchado preguntar a nuestros hijos: "Cómo se conocieron tú y mamá"? o, ¡Cuéntame algo del día que nací! ¿Cuántos de nosotros no hemos sentido reverencia y fascinación al escuchar a nuestros padres y abuelos contarnos historias acerca del "país que no conocimos", de "los años dorados"? En cierto sentido, la historia de la Iglesia aborda temas semejantes, pero a una mayor escala. Es la historia de una fe transmitida, de cómo un grupo de personas falibles, por designio de Dios, ha llegado a ser miembros del Cuerpo de Cristo en la Iglesia, y de cómo este pueblo ha luchado por vivir el Evangelio en las situaciones concretas de su propia vida, durante más de dos mil años. Desde esta perspectiva, si permanecemos en la Iglesia, si somos la Iglesia, entonces se trata también de nuestra historia: cuando abordamos la historia de nuestras luchas, triunfos y caídas, llegamos a conocer más acerca de quiénes y qué somos, en el marco de una comunidad de fe.

Los conocimientos y las experiencias que hemos ido adquiriendo debemos transmitirlas a quienes nos han de seguir. El Evangelio recibido de los apóstoles "se perpetúa en la Iglesia y por la Iglesia. Toda ella, pastores y fieles, vela por su conservación y transmisión" (*DGC*, 43). Nosotros somos responsables de la conservación y la transmisión de las verdades del Evangelio. En gran parte, esta responsabilidad proviene de la lectura piadosa [meditativa] de la Escritura y de la enseñanza de la Iglesia. Pero, también proviene del estudio de cómo otras personas han conservado y nos han transmitido el Evangelio. Cuando nos esforzamos por hacer realidad el Evangelio de Cristo, aquí en Estados Unidos de América, podemos beneficiarnos de la visión y la sabiduría, y aun de los errores y tropiezos, de aquellos que en otro tiempo y en otras circunstancias se han esforzado por vivir el Evangelio. Por todo ello, en las siguientes páginas intentaré hacer un amplio bosquejo de cómo se reflejan tales aciertos y tropiezos a lo largo de la Iglesia Católica. Espero que este trabajo sirva más como una invitación –no como una síntesis cuya palabra sea definitiva– a reflexionar y a explorar las profundidades y riquezas de una tradición que ha fluido abundantemente a lo largo de dos mil años de historia de la Iglesia. Estoy convencido de que analizar la profundidad y riqueza del pasado fortalecerá tu actual ministerio en la Iglesia.

Aclarado los términos: ¿Qué es "Historia de la Iglesia"?

Me agrada pensar que el santo patrono de los historiadores de la Iglesia es San Lucas, el escritor del Evangelio. Lucas comienza su evangelio con un reconocimiento: "Muchos se han propuesto componer un relato de los acontecimientos que se han cumplido entre nosotros" (1:1). Sin embargo, da un paso más: en lugar de presentar un relato hecho por otro, Lucas decide hacer su propio trabajo: *"también yo he creído oportuno, después de haber investigado cuidadosamente todo lo sucedido desde el principio, escribirte una exposición ordenada..."* (1:3; énfasis añadido).

El Evangelio de San Lucas y los Hechos de los Apóstoles fueron redactados de acuerdo al modelo tradicional griego de presentar la historia: reuniendo las evidencias, evaluándolas minuciosamente, interpretándolas y consignándolas ordenadamente. Pero Lucas no se contenta con eso, puesto que dice que escribió esas cosas para el "ilustre Teófilo, para que llegues a comprender la autenticidad de las enseñanzas que has recibido" (Lucas 1:3–4). Desde esta perspectiva, la historia de la Iglesia es una narración o relato escrito para la Iglesia, para aquellos que son llamados "amigos de Dios" (*Teophilos* en griego), para edificar su fe.

La historia de la Iglesia ha de situarse aparte de la "historia general", aun cuando la historia de la Iglesia sea una "historia de la cristiandad". Muchos historiadores dicen que toman una postura "neutral" respecto del pasado, pero los hechos pasados afectan profundamente a la Iglesia y afectan, también, al historiador de la Iglesia. La distinción entre "historia" e "historia de la Iglesia" no significa que la Iglesia, al dar cuenta de su historia, desempeñe una labor propagandística, aun cuando esto sea realmente una tentación para el historiador de la Iglesia. Al contrario, alguien que está dedicado a la historia de la Iglesia necesita estar consciente de las fallas de ésta, de los prejuicios o de las responsabilidades de la misma. Pero, también, se le hace justicia a la Iglesia al decirle la verdad sobre el pasado con una actitud de amor y haciendo uso de la competencia del historiador. Si de vez en cuando surge la necesidad de presentar los momentos oscuros en los que algunos miembros de la Iglesia han fallado a la caridad cristiana, entonces, no hay por qué rehuir: podemos aprender, igualmente, de los errores del pasado como también de los aciertos.

Entonces, ¿qué narra la historia de la Iglesia? Comienzo diciendo que es la historia del "legado de la fe". En otras palabras, la historia de la Iglesia narra el itinerario de la tradición de la Iglesia (en latín, *Traditio* significa "transmitir"). En su libro *Tradición y Tradiciones,* el gran teólogo dominico Ives Congar describe la tradición en tres sentidos. Primero, la tradición es la "transmisión del Evangelio" en las Escrituras y en la predicación; en los credos y en las confesiones de fe; en los sacramentos, en la vida litúrgica y en la vida moral de la Iglesia. Este es el sentido de la tradición que hemos recibido de la Primera Carta de Pablo a los Corintios: "Porque yo les transmití, en primer lugar, lo que a mi vez recibí: que Cristo murió por nuestros pecados según las Escrituras y que fue sepultado; que resucitó al tercer día según las Escrituras" (*1 Corintios* 15:3–4). En este sentido, el *Directorio General para la Catequesis* dice: "El Evangelio, en efecto, se conserva íntegro y vivo en la Iglesia: los discípulos de Jesucristo lo contemplan y meditan sin cesar, lo viven en su existencia diaria y lo anuncian en la misión" (43). Es el mensaje de la redención, tal como se ha proclamado, creído y vivido.

Segundo, la Tradición es la interpretación consciente del Evangelio, ante todo, la interpretación de las Escrituras, para la enseñanza y la formación de los fieles. Por parte de los Apóstoles, la Iglesia ha recibido la revelación divina del Evangelio, no sólo como una experiencia real, sino también como el "depósito de la fe", como un "todo" de doctrina o conocimientos (respecto a Dios, a la humanidad y a la creación entera) para ser recibido e interpretado por la razón. Para la Iglesia Católica, la fe en la presencia del Espíritu Santo implica creer en la labor de enseñanza de la Iglesia, el así llamado *Magisterio*, que guía y protege la interpretación del Evangelio y de las Escrituras en general. En este sentido, Aidan Nicholls, O.P., dice que la tradición es "el *medio* educativo (o contexto) de la fe". Se trata del contexto en el cual aprendemos las verdades de nuestra fe.

Finalmente, afirma Congar, que el término "Tradición" serefiere a momentos particulares a los que llama "monumentos" o pilares de fe. Estos son elementos dentro de la historia de la Iglesia que parecen atestiguar y declarar el Evangelio mismo de manera distinta y perenne. Congar señala como ejemplo de esos "monumentos" o pilares a los Padres y Doctores de la Iglesia, a las encíclicas y cartas pastorales de los papas, al testimonio de los teólogos e, incluso, al arte cristiano. Congar incluye en la última categoría de sus "monumentos" lo que él llama "expresiones ordinarias de la vida cristiana", así como la vida de los santos, llamados a "vivir (el Evangelio) de una manera especial".

Por lo tanto, una "descripción completa" de la historia de la Iglesia incluiría todos estos aspectos, desde la Escritura hasta los dogmas de fe, la vida de los santos y la manera en que tú y yo, y aquellas personas que se han ido antes que nosotros, vivimos el Evangelio en nuestras decisiones de cada día. Tomaría toda una vida de estudio para comenzar a entender todas estas dimensiones de nuestro pasado como Iglesia. Sin embargo, podemos beneficiarnos aunque sea con una probadita de este rico pasado, y transmitir a los demás lo que hemos recibido. Esa es la única meta y propósito de este pequeño libro: ofrecernos una probadita e invitarnos a compartirla.

Capítulo 1

La fe en formación

Si fuera posible volver al pasado, remontarse a la comunidad reunida en torno a Jesús de Nazaret, entonces, podría decirse que la Iglesia afrontó su primera crisis cuando sus dirigentes fueron arrestados y asesinados. La fe en la resurrección les dio a los Apóstoles la capacidad de superar los peligros y ver en la muerte y la resurrección la clave para entender quién era realmente Jesús. En verdad, como hice notar en la introducción, el Evangelio de Lucas y Hechos de los Apóstoles, tomados juntos, pueden considerarse como una sola historia que muestra el sentido de continuidad en la comunidad, por encima de la crisis que produjo la crucifixión de Jesús. El libro de los Hechos de los Apóstoles continúa la historia ahí donde el Evangelio de Lucas la deja, y muestra a los apóstoles fortalecidos por el Espíritu, para llevar a cabo la difusión del Evangelio. Los Hechos de los Apóstoles (junto con las cartas de Pablo) atestiguan el intento de la primera Iglesia por responder a una pregunta: ¿qué significa ser discípulo de Jesús? En cierto sentido, toda la historia de la Iglesia puede considerarse como un intento por responder a esta pregunta en tiempos y lugares precisos. En el siglo I d.C., durante el Imperio Romano, la primera respuesta a esa pregunta la ofreció la primera generación apostólica de creyentes. En esos primeros años de vida de la Iglesia, las respuestas llegaban sólo a través de los dilemas que afrontaban los cristianos, tanto los provenientes del judaísmo como los que provenían del mundo gentil –es decir, propios y extraños– en el intento por permanecer fieles al Evangelio.

El dilema de Pablo: cristianos y judíos en el siglo I

Todos conocemos la historia de Saulo, el fariseo, el perseguidor de los cristianos que fue derribado de su caballo en el camino a Damasco y que encontró a Jesús resucitado. Saulo, el celoso perseguidor, se convirtió en Pablo, el celoso predicador. El fariseo se convirtió en apóstol. Su conversión le permitió percibir la novedad radical del Evangelio, como un mensaje abierto a los judíos y a los gentiles por igual. Pablo llegó a la convicción de que los gentiles no necesitaban convertirse en judíos para aceptar el Evangelio de Cristo. Sin embargo, algunos de sus compañeros apóstoles estaban en desacuerdo. Su Carta a los Gálatas atestigua el conflicto sobre este problema tan escabroso y, en ella, Pablo emite su famosa proclamación: "Ya no hay distinción entre judío o no judío, entre esclavo o libre, entre varón o mujer, porque todos ustedes son uno en Cristo Jesús" (3:28). Para algunos de los apóstoles más conservadores, especialmente Santiago en Jerusalén, esta declaración parecía cortar con todo lo bueno y recto de la tradición judía. Pablo parecía querer abandonar totalmente el judaísmo.

Pero, aun para Pablo, no era tan fácil cortar los lazos de la fe judía. Su Carta a los Romanos representa su dilema ante la relación entre la novedad radical del Evangelio de Cristo y la antigua alianza que Dios había hecho con Israel. Si Cristo era el cumplimiento de la antigua alianza, ¿por qué la mayoría de los judíos no se convertían? ¿Pudo haber abandonado Dios a Israel para favorecer a los gentiles? La respuesta de Pablo es clara: "¡De ninguna manera!" (Romanos 11:1). Pero, a pesar del énfasis de su respuesta, no se aclaró la relación exacta entre judíos y gentiles, entre antigua y nueva alianza. El dilema de Pablo quedó sin resolución aún después de su muerte (y, algunos sostienen, que es una cuestión aún no resuelta en la actualidad).

Lo que he designado como "el dilema de Pablo" es uno de los primeros, y el enigma más amargo, que ha afrontado la Iglesia cristiana en los primeros años de vida. En el año 62 d.C., Santiago, el "hermano del Señor", fue asesinado en Jerusalén por el sumo sacerdote judío, con el apoyo de la turba. Santiago había defendido fuertemente la preservación de las tradiciones judías por parte de los cristianos y, a pesar de esto, el sumo sacerdote lo consideró como enemigo. Con su muerte, aquellos que estaban a favor de mantener los lazos de su pasado judío perdieron a su representante y defensor, para luego, desaparecer del registro de la historia. Esto sucedió a partir del año 66. Al parecer, casi espontáneamente emergieron las comunidades gentiles como las sucesoras de los Apóstoles. Muy pronto se diluyó la esperanza de reconciliación entre el judaísmo y las nuevas comunidades cristianas. La división entre cristianos y judíos se hizo más y más clara a tal grado que, hacia finales del siglo I, la ruptura se hizo evidente.

Hacia el año 70, Jerusalén fue saqueada por los romanos para sofocar una rebelión judía. Con la destrucción de su ciudad y su templo, los líderes judíos se reorganizaron rápidamente en torno a la escuela de Jamnia, otra ciudad en Palestina, la cual se convirtió en el centro de la doctrina judía. Los líderes reunidos en Jamnia declararon que el canon de las Escrituras ya estaba cerrado y que los judíos no debían buscar ninguna revelación futura (incluyendo, implícitamente, una revelación proveniente de Jesús de Nazaret). Además, hacia el año 90, se añadió una sentencia a las tradicionales *Dieciocho bendiciones*, la cual maldecía a "nazarenos y a herejes". La hostilidad era mutua: del lado cristiano, Ignacio, obispo de Antioquía y mártir (+ 107–108) declaró que era "un absurdo profesar la fe en Jesús y seguir al mismo tiempo las costumbres judías". Las costumbres del judaísmo eran, para Ignacio, "levadura mala, la añeja y ácida", (Ignacio de Antioquía, *Carta a los Magnesios*, 10). El nudo que unía a los cristianos y a los judíos se había disuelto.

Propios y extraños: ¿así fue la primera Iglesia "católica"?

Una vez rotos todos los lazos de unidad con la comunidad judía, las primeras Iglesias cristianas estaban un poco perdidas como para darse cuenta de qué era lo que expresaba legítimamente la fe cristiana y qué estaba fuera de límites. Las muchas comunidades cristianas esparcidas a lo largo y ancho del mundo mediterráneo, habían iniciado varios esfuerzos misioneros, de entre los cuales Pablo era uno de ellos. Esto significa que en esta etapa inicial no existía una autoridad centralizada o una estructura ampliamente difundida, potencialmente hablando, se puede afirmar que las expresiones de la fe cristiana eran tantas como el número de Iglesias particulares existentes. Algunos estudiosos han concluido que es mejor hablar de primeras "cristiandades" en lugar de sugerir prematuramente un tipo de noción unificada de la fe cristiana. Ciertamente, la Iglesia Católica –tal como la conocemos actualmente, con su jerarquía universal bien estructurada y su autoridad centralizada en Roma– no tomó su forma definitiva desde un principio, en los primeros siglos. Hacia la mitad del siglo II d.c., pueden constatarse dos cosas: la presencia de obispos y sacerdotes (o presbíteros, como prefieren llamarlos algunos estudiosos), y la comunicación entre los obispos, lo cual estableció un cierto terreno común. Esta estructura primitiva estaba muy lejos de lo que ahora es el orden jerárquico de la Iglesia Católica y de la Ortodoxa. Más bien, la historia del cristianismo primitivo es la historia de un catolicismo emergente (con c minúscula); un emergente consenso amplio de diversas Iglesias en asuntos de fe y de orden.

Esto no quiere decir que sea falso el reclamo que hace la Iglesia Católica y la Ortodoxa de ser, respectivamente, la "Iglesia de los apóstoles"; tampoco quiere decir que lo que surgió como "fe ortodoxa" hubiese sido una invención artificial. Más bien, opino que la fe de los apóstoles, la fe que Pablo recibió y transmitió, se fue clarificando poco a poco en la medida en que los cristianos afrontaban los retos internos y externos que surgieron en aquellos primeros años. Cuando hablo en este capítulo de una naciente o emergente "Iglesia católica", con c minúscula, no estoy cuestionando ni menospreciando a la Iglesia Católica Romana y a la Iglesia Ortodoxa cuando sostienen que han descendido de los Apóstoles. Más bien, quiero señalar que todos nosotros podemos ver las líneas de la sucesión apostólica sólo en retrospectiva, es decir, mirando al pasado. Para nosotros resulta difícil saber con absoluta claridad si lo que hacemos en nuestra vida cotidiana corresponde a la voluntad de Dios, sin embargo, podemos ver sin mucha dificultad la mano de la Providencia divina si miramos hacia el pasado en nuestra vida. De manera semejante, los primeros cristianos simplemente se esforzaron por ser fieles a Cristo y, mirando al pasado, podemos observar el hilo irrompible de la fe, tejido fuertemente a pesar de todos los conflictos.

Marción: el conflicto en torno al canon de la Escritura

Alrededor del 140 d.C., un joven surgido de la costa del Mar Negro arribó a Roma. Se trataba del hijo de un obispo y exitoso negociante. El joven fue bien recibido por la Iglesia de Roma, debido quizá, en parte, a un importante donativo. Pero, en pocos años, aquel hombre llamado Marción comenzó a proclamar un mensaje que intranquilizó –por decir lo menos– a la Iglesia de Roma. Según Marción, Jesús rechazó al Dios de los judíos y proclamó la fe en un Dios completamente diferente, desconocido hasta entonces. Para probar su doctrina, Marción compuso una obra llamada *Antítesis*, la cual listaba aparentes contradicciones entre el Antiguo Testamento y la fe cristiana. Hizo otra lista, o canon de escritos cristianos, que, en su opinión, demostraban sus ideas. En esta última lista situó solamente las cartas de Pablo y una versión editada del Evangelio de Lucas, del cual omitió todas las referencias a "Israel". Marción representaba el lado extremo de la reacción que ya habíamos observado en Ignacio de Antioquía: la alianza judía ha caducado; ha sido reemplazada por el Evangelio. Pero la de Marción fue considerada como una postura "extrema" por parte de la comunidad romana, la cual lo excomulgó y le devolvió su donativo, hacia el año 144 d.C.

Sin desistir de su proyecto, Marción viajó por el Mediterráneo hasta su muerte (aprox. 160 d.C.), fundando Iglesias, las cuales sobrevivieron casi doscientos años. La gran mayoría de los cristianos determinaron, sin embargo, que el mensaje de Marción estaba fuera del orden y los límites permitidos: Cristo vino para cumplir la Ley, no para abolirla. La fe en Cristo significaba también fe en el Dios proclamado en el Antiguo Testamento, el creador, el Dios de Israel. En respuesta a Marción, los cristianos comenzaron a formular su propia lista de libros autorizados, su propio canon, el cual incluía los libros de las Escrituras judías, así como también los escritos cristianos más recientes. Aun cuando los lazos entre los cristianos y judíos se habían disuelto, los primeros cristianos afirmaron que ambas partes del canon proclamaban la fe en un único Dios verdadero.

Este consenso surgió bajo la presión que ejerció la enseñanza de Marción en las comunidades cristianas a lo largo del mundo mediterráneo. Uno de los asertos crueles de la historia es que una verdad se convierte en doctrina sólo a partir del conflicto. Bajo la presión de Marción, y de otros que parecían ir más allá, en el primer siglo y medio de cristianismo comenzó a emerger cierta unidad provisional a partir de una amplia diversidad. Esta unidad tentativa es llamada por algunos expertos como la "Gran Iglesia" o lo que podemos llamar como Iglesia católica (con c minúscula).

EL MONTANISMO: LA CUESTIÓN DE LA AUTORIDAD

El naciente o emergente consenso católico afrontó otro reto proveniente de los seguidores de tres personas sumamente carismáticas: Montano, Priscila y Maximila. El movimiento de éstos se autonombró "La nueva profecía", pero sus oponentes lo llamaron "montanismo", en honor del líder. El montanismo comenzó en Asia menor, a mediados del siglo II, cuando "los tres" –Montano, Priscila y Maximila– comenzaron a predicar con entusiasmo acerca de la presencia operante y continua del Espíritu en la Iglesia. Muy pronto, el movimiento se extendió al norte de África y a Roma. Los tres proclamaban su mensaje en éxtasis (como si estuvieran poseídos por el Espíritu Santo), y afirmaban hablar en persona del Paráclito prometido en el Evangelio de San Juan. Exhortaban a sus seguidores a observar rigurosas prácticas de ayuno y ascetismo. Creían que era inminente el fin apocalíptico y que la Jerusalén celestial descendería sobre la ciudad de Pepuza, en Asia Menor. A pesar que de algunos sostienen lo contrario, los montanistas no parecían disentir del naciente consenso de la Iglesia respecto a asuntos de doctrina y teología. Sin embargo, fueron excomulgados en Roma en el año 177, probablemente por su entusiasmo indisciplinado y por su perceptible falta de respeto al orden y a la autoridad de la Iglesia. A pesar de esto, en el siglo III, el montanismo obtuvo su más famoso seguidor en la persona de Tertuliano, un antiguo teólogo apologista de África del norte, el cual, aparentemente, asimiló el montanismo por su rigor apasionado.

El montanismo presentó a la Iglesia Católica un desafío interesante. Aun cuando la doctrina de los montanistas era aparentemente sólida, preocupaba su noción carismática e imprecisa acerca de la autoridad. ¿Podría alguien en posición de autoridad que tuviera "arrebatos espirituales", guiar a los demás a una vida cristiana auténtica? ¿Continuaba el Espíritu Santo hablando a los creyentes con revelaciones especiales, o eran las revelaciones transmitidas por el ministerio de la palabra y de los sacramentos efectuado por los obispos, los sucesores de los Apóstoles? Si el conflicto con Marción había motivado a la Iglesia Católica a reafirmar su relación con la revelación del Antiguo Testamento, el conflicto con los montanistas, en la opinión de Henry Chadwick, "reforzó su convencimiento de que la revelación había llegado a su fin con la era apostólica".

EL GNOSTICISMO: LA PREGUNTA SOBRE LA VERDADERA DOCTRINA

Un factor de mayor fuerza en el surgimiento del consenso católico fue el asunto de la asimilación. Nadie puede negar que los cristianos estuvieran inmersos en la cultura helenista del Imperio Romano –el contexto cultural del paganismo griego de ese tiempo. La tarea era articular su fe en Cristo, en ese lenguaje y ese contexto. En efecto, la filosofía y la cultura helenistas ofrecieron recursos importantes al cristianismo para expresar y explorar su fe. Pero, ¿en qué medida debía integrarse la cultura helenista a la fe cristiana? ¿Qué había de compatible en la filosofía y la religión helenista con el discipulado de Cristo, y qué debía ser rechazado? Al igual que muchas otras preguntas que nos hemos planteado en este capítulo, éstas son preguntas constantes para los cristianos de cualquier cultura. Sin embargo, cuando la Iglesia Católica vivía su infancia, esas preguntas se plantearon debido al fenómeno del gnosticismo cristiano.

Los términos *gnosticismo* o *gnóstico* provienen de la palabra griega *gnosis*, que significa "conocimiento". El gnosticismo se refiere a la doctrina sobre un conocimiento especial que conduce a la salvación.

Este conocimiento no era académico ni racional. Más bien, se refería al conocimiento de los secretos divinos en torno a la naturaleza y al destino de los seres humanos. Pretendía dar respuesta a las preguntas: ¿De dónde venimos? ¿Hacia dónde vamos? Los gnósticos creían que este conocimiento era suficiente para liberarlos de las ilusiones y de las tinieblas del mundo presente.

El gnosticismo nunca llegó a ser una iglesia o secta plenamente constituida. Se trataba de semejanzas entre numerosos pensadores y textos diversos durante el siglo II. El gnosticismo pudo haber guardado muchas semejanzas con un fenómeno de la segunda parte del siglo XX conocido como La Nueva Era ["New Age"]. Como las mitologías de este movimiento, el gnosticismo parecía sintetizar distintos elementos de diversas religiones y tradiciones filosóficas del mundo helenista: el judaísmo sectario, el zoroastrismo, las huellas del platonismo. Los conocedores han analizado si las mitologías gnósticas existían antes que la fe cristiana o no. En este sentido, es difícil señalar dónde reside la verdad. Sin embargo, los maestros clásicos que conocemos del gnosticismo –Valentino, Basílides, Ptolomeo– creyeron que habían accedido a una verdadera interpretación, a una comprensión más profunda de la misión de Jesús, por medio de su "conocimiento salvador" sobre el cosmos y sobre el destino de la humanidad.

Los mitos gnósticos compartían una visión general del mundo, aun cuando en los detalles pudiesen haber sido distintas, según cada maestro gnóstico. Para los gnósticos, el mundo que conocemos era el lugar de tinieblas del maligno; el dios malvado dominada al mundo. El dominio de las tinieblas sobrevino cuando parte de la brillante plenitud de los cielos (el *pleroma*, palabra griega que significa "plenitud") cayó de la gracia y fue expulsada. Los seres humanos, o más exactamente, algunos seres humanos "elegidos", tenían un alma que era una "chispa de luz" capturada del pleroma celestial y atrapada en el cuerpo. Esta chispa era el verdadero yo del elegido, aunque manchada y aprisionada en el cuerpo físico. El escape de esta esclavitud en el mundo de las tinieblas podía ocurrir solamente si un revelador celestial venía desde el *pleroma* para conceder el conocimiento secreto a unos pocos. Con este conocimiento, la chispa divina era liberada y podía regresar a la plenitud celestial, su hogar legítimo.

Se puede observar que esos mitos compartían algunos rasgos con los relatos judío y cristiano de la caída de los ángeles y la redención ofrecida por una figura divina. Uno puede imaginarse la facilidad del mensaje de Jesús para encajar en este esquema. Como Marción, muchos gnósticos rechazaron al Dios del Antiguo Testamento, designándolo como el creador fallido del mundo de las tinieblas. Por contraparte, Jesús ofrecía la liberación de este Dios caído con un camino de regreso al "Padre" en el *pleroma*. (Para profundizar sobre el gnosticismo, ver *Catecismo de la Iglesia Católica [CIC], 285*). A diferencia de Marción, los gnósticos creyeron que era absurdo sostener que Jesús, el revelador celestial, había muerto en la cruz, ya que Jesús solamente pareció tomar la forma de un ser humano para transmitir su mensaje. (Negar que el Hijo se haya encarnado ha sido designado como *docetismo*, del griego *dokein*, "aparecer". Ver *CIC*, 465). Incluso, en algunos escritos gnósticos se dice que Jesús se reía a la distancia, cuando los poderes de las tinieblas, pensando que lo habían matado, miraban al cuerpo muerto en la cruz que Jesús había usado como un recipiente. Todavía más, algunos escritos gnósticos insistían que la salvación no provenía de la encarnación, la vida, la muerte y resurrección de Jesús, sino de la enseñanza secreta que él impartió a sus seguidores.

Los gnósticos cristianos poseían sus propias escrituras (de las cuales, el *Evangelio de Tomás* es quizá la más famosa) además, ofrecían interpretaciones espirituales de las cartas de Pablo para demostrar la verdad que proclamaban. Algunos investigadores ilustres del siglo XX han sostenido que los gnósticos cristianos han sido juzgados injustamente, porque pudieron haber ofrecido una alternativa más aceptable para lo que después llegó a ser una fe ortodoxa. Sin embargo, a juicio de los cristianos no-gnósticos, la enseñanza gnóstica sobrepasó los límites de la verdadera fe en Jesús. Los cristianos no-gnósticos respondieron al gnosticismo enfatizando precisamente aquellos puntos que los gnósticos habían cuestionado: el "Padre" de Jesús era nada menos que el creador del mundo. Como hicieron contra Marción, los cristianos insistieron en la validez del Antiguo Testamento como escrito profético de la venida de Cristo. Además, los cristianos insistieron en la verdadera encarnación de Jesús y sostuvieron que su sufrimiento, muerte y resurrección en la carne estaba lejos de ser una ilusión y que todo esto era esencial a la fe cristiana. Para los cristianos no-gnósticos, era claro que habían sido salvados por la "sangre del cordero", y no por un secreto cósmico.

Para apoyar estas afirmaciones, los cristianos no-gnósticos tuvieron que llegar a criterios de evaluación: la prueba textual a partir de Pablo o de otros escritos cristianos se convirtió en un método, tanto por los gnósticos como los no gnósticos. Pero, ¿cómo podía evaluarse la autoridad y validez de lo que un gnóstico declaraba que era la creencia cristiana?

Ireneo de Lyon, a quien algunos han llamado el "primer teólogo sistemático", llegó a una solución: la *fe apostólica*. Esta fe apostólica estaba compuesta por dos principios relativos: la Sagrada Escritura y la "regla de fe". De acuerdo a Ireneo, los apóstoles depositaron en la Iglesia el contenido de la Escritura y la "regla de fe". En su opinión, la Escritura incluía la traducción griega del Antiguo Testamento (llamada *Septuaginta*) y una lista de escritos que él –por primera vez– llamó el *Nuevo Testamento* o *Nueva Alianza*. Estos escritos eran aquellos que Ireneo y otros pensadores católicos podían llamar con plena confianza *apostólicos*, indicando de esa manera que tales escritos tenían estrecha conexión con los Apóstoles. Por ejemplo, se creía que el Evangelio de San Mateo y el Evangelio de San Juan se habían redactado directamente por los Apóstoles que llevan su nombre, mientras que el de Lucas y Marcos fueron considerados como escritos bajo la autoridad directa de Pablo y Pedro, respectivamente. El Nuevo Testamento de Ireneo se parecía mucho al nuestro; incluía los cuatro evangelios (Mateo, Marcos, Lucas y Juan), una colección de cartas de Pablo, Hechos, Apocalipsis, Primera Carta de Pedro, Primera y Segunda Carta de Juan. Aparentemente, la única diferencia entre el canon de Ireneo y el canon católico romano era la omisión de Santiago, Judas, la Segunda Carta de Pedro y Hebreos. (*CIC*, 120 alude al canon católico romano.)

El significado de este canon de las Escrituras, Antiguo y Nuevo Testamento, siempre debía ir junto con el otro componente de la fe apostólica, la "regla de fe". Para Ireneo, la regla de fe era un breve resumen de la creencia cristiana en la acción de Dios en el mundo, desde la creación hasta la redención en Cristo y la santificación en el Espíritu. Ireneo nunca dio una fórmula para tal regla, más bien ésta funcionaba casi como un credo. Afirmó que la Iglesia cree "en un Dios, Padre todopoderoso, creador del cielo, de la tierra, del mar y de todas las cosas que están en ellos; y en un único Jesucristo, el Hijo de Dios, que se encarnó para nuestra salvación; y en el Espíritu Santo" (Ireneo, *Adversus Haereses* 1.10.1). Esta declaración básica de fe había sido deducida de la Escritura y siempre debía ser una clave indispensable para interpretar la Escritura. En una imagen famosa, Ireneo compara la Escritura a un mosaico, donde cada pasaje o libro es una pieza entre muchas que conforman un cuadro más amplio. La regla de fe es el plano o bosquejo que nos capacita para entender correctamente los pasajes de la Escritura.

La dialéctica, es decir, el diálogo o la relación entre estos dos elementos de la fe apostólica, dieron a la naciente Iglesia Católica un cierto tipo de "contrapeso y equilibrio" en los criterios para evaluar la enseñanza y el estilo de vida de un cristiano en particular. Para Ireneo, estos criterios fueron confiados por los Apóstoles a sus sucesores, los obispos, o "supervisores". Con la guía de este doble depósito, los obispos tenían la libertad de ir más allá de reaccionar negativamente a la enseñanza de gente como Marción o los gnósticos –podían guiar a los fieles y ofrecerles normas positivas para vivir como discípulos cristianos.

Roma contra los cristianos: la historia de Perpetua

Junto con esos problemas internos en torno al canon, la autoridad y la doctrina, los primeros cristianos también tuvieron que definir poco a poco la relación propia de la Iglesia con el poder externo de aquel tiempo: el poderoso Imperio Romano. Jesús de Nazaret proclamó la inminente llegada del Reino de Dios y fue ejecutado injustamente por parte de las autoridades del Imperio Romano. Sin embargo, en los escritos del Nuevo Testamento encontramos cierta ambivalencia con respecto a Roma. Los evangelios parecen exonerar tanto a los romanos como a Pilato, en el desenlace de la muerte de Jesús, descargando todo la culpabilidad sobre las autoridades judías. Aparentemente Pablo fue hecho prisionero y ejecutado por las autoridades romanas, y aún así le dice a los romanos: "Todos deben someterse a las autoridades constituidas" y agrega: "Quien se opone a la autoridad, se opone al orden establecido por Dios", por eso Pablo ordena pagar los impuestos y dar a cada cual lo que le corresponde". (Romanos 13:1, 2:7)

Sin duda, los esfuerzos misioneros de los primeros cristianos se beneficiaron de las redes de comercio, de los caminos construidos por Roma y de la relativa tranquilidad de la Pax romana o "paz de Roma". Hechos de los Apóstoles sugiere, incluso, que el imperio llegó a convertirse en un instrumento de la providencia de Dios para favorecer la difusión del Evangelio. Por su parte, el Apocalipsis identifica a Roma con la "prostituta de Babilonia"; el títere del poder de Satanás en el mundo. De este modo, la pregunta era: ¿debían los cristianos –ciudadanos del naciente Reino de Dios– oponerse al imperio, o trabajar con él? De manera similar, pero desde fuera, los ciudadanos y las autoridades romanas no estaban totalmente seguros sobre quiénes eran los llamados cristianos. ¿Era el cristianismo una "sociedad secreta" subversiva, o era uno más de esos nuevos movimientos exóticos, más o menos inofensivo, que florecía a lo largo del imperio?

Uno de los secretos del éxito del Imperio Romano era la manera en que estaba dispuesto a asimilar o, al menos, tolerar la cultura y la religión de aquella gente conquistada y dominada. La religión pagana de Roma rendía obediencia al panteón tradicional de los dioses del Olimpo, con Júpiter a la cabeza. Comenzando con Augusto, al Emperador Romano se le incluía en el culto pagano, ya sea como representante de los dioses, o como una divinidad. Pero, en ningún momento los romanos excluyeron de su culto a las religiones autóctonas: o toleraban esas tradiciones o las incorporaban a sus creencias.

La mayoría de las veces, los romanos simplemente incorporaban a su propio panteón —o recinto para el culto— a los dioses de los pueblos conquistados. Incluso, podían rendir culto al dios de los conquistados con la excusa de que era el mismo dios bajo un nombre diferente (cualquier dios del sol era el mismo que Apolo, por ejemplo), o invocaban a los dioses de los conquistados como delegados o empleados del panteón romano. Sin embargo, no era fácil asimilar un estricto monoteísmo como el judío; incluso Roma parecía, la mayoría de las veces, respetar y tolerar el judaísmo, hasta que algunos líderes judíos animaron la sedición y revuelta de los años 66–70 d.C. Durante gran parte de los primeros tres siglos d.c., esta clase de tolerancia benigna parecía extenderse también a los cristianos. Pero aun las autoridades inclinadas a no meterse con los cristianos los consideraban antisociales y supersticiosos.

Los cristianos fueron acusados de ateísmo, canibalismo y libertinaje. La acusación de ateísmo surgió no solamente de diferencias teológicas entre la fe romana y cristiana, sino de las consecuencias prácticas de esas diferencias. La política romana estaba entrelazada con la religión romana, como lo indica el culto al emperador. Además, los romanos parecían encontrar evidencia empírica de que su culto había dotado al mundo de prosperidad inaudita, estabilidad y paz. El honor debido al emperador y a los dioses era simplemente parte de la *Romanitas*, "romanidad", es decir, los hábitos y prácticas que hacían a un ciudadano civilizado, bueno y leal al imperio. Los cristianos, al rechazar el culto al emperador por creer en otro Dios, parecían ser desleales al orden que los sustentaba. (Las acusaciones de canibalismo y libertinaje probablemente surgieron de malos entendidos asociados con las prácticas de la Eucaristía —comer el Cuerpo de

Cristo– y la fiesta del ágape o fiesta del amor). La religión pareció a muchos romanos una práctica de mal gusto y poco patriótica. Las semillas del conflicto se habían sembrado y ocasionalmente se manifestaban públicamente.

De acuerdo a relatos tradicionales y legendarios sobre mártires cristianos, se habían atribuido diez "grandes persecuciones" al Imperio Romano. Pero historiadores contemporáneos no encuentran evidencia sólida de que ocurrieron. De hecho, algunos historiadores han señalado que, a pesar del gran valor que el cristianismo concedió a sus mártires, las autoridades romanas regularmente actuaron con tacto y discreción en su trato con los disidentes cristianos. Según esta apreciación, sería más correcto caracterizar las acciones romanas como "persecución" dirigida a un selecto grupo de fanáticos o celosos que amenazaban la paz del imperio. Las fuentes históricas antiguas no ofrecen mayor claridad sobre este asunto. Si uno lee las reflexiones cristianas en torno al martirio en los primeros tres siglos, los mártires cristianos vivían inmersos en un conflicto apocalíptico que enfrentaba a los santos con el maligno. Esos "atletas de Cristo" combatían en la arena contra el mismo Satanás. Los mártires debían elegir entre fidelidad o confesión y rechazo, entre fe y apostasía, entre Dios y "el adversario". De acuerdo al ideal cristiano de los mártires, Roma era simplemente un instrumento del poder de Satanás.

Pero muchos romanos veían el cristianismo como un problema, y no como una elección entre el bien y el mal, sino más bien entre la paz y la discordia. Los "ateos" pertenecientes a la secta de los cristianos perturbaban la Pax romana o "paz de Roma" con su obstinación. La respuesta romana a estos disidentes problemáticos llegó a tomar una de tres formas. Como he señalado, parecía que durante gran parte de los primeros doscientos años de cristianismo, las autoridades romanas mantuvieron una política de persecución limitada por un proceso legal. Si hubo persecución, se llevó a cabo la mayoría de las veces localmente, ya fueran los sucesores del emperador que purgaban la corte de rivales o por la chusma local en las provincias aisladas, a veces –no siempre– con el apoyo del gobernador local. Esta violencia de las turbas creó de lo que Robin Lane Fox ha llamado "romanidad frustrada". Fue como la llama de persecución cristiana que se encendió esporádicamente contra los judíos en la Edad Media y, de forma más dramática, en el siglo veinte. Finalmente, después de estas primeras dos estrategias que se usaron para controlar a los cristianos, surgió una tercera: una reforma imperial reaccionaria que persiguió sistemáticamente a los cristianos a finales del siglo III y principios del siglo IV.

Más que dar detalles de las diversas persecuciones, sería mejor recordar uno de los más impresionantes relatos del martirio conocido en la Iglesia; el *Martirio de Perpetua y Felícitas*. Este relato viene de una de las primeras acciones adoptadas por el gobierno de Roma contra el cristianismo, a finales del siglo II y principios del siglo III.

Vibia Perpetua era una joven de África del Norte, "recién casada, de buena familia y buena educación" (*Martirio de Perpetua y Felícitas,* 2), con alrededor de 20 años y madre de un pequeño niño. Siendo catecúmena, fue arrestada con otros catecúmenos alrededor del año 200 d.C., en una operación por parte de Roma con el fin de desanimar la conversión a la fe cristiana. Entre sus compañeros prisioneros estaba su criada Felicitas.

Mientras estuvo presa Perpetua redactó un diario y por eso tenemos, de primera mano un relato de gran nobleza y trágica belleza del martirio cristiano.

El escrito de Perpetua comienza cuando fue arrestada en su casa. Su padre, que aparentemente no era cristiano, se presentó ante ella y le imploró que renunciase a la fe en Cristo. Ella contestó que no podía hacer lo que le pedía:

> "Padre", le dije, "¿ves el vaso que está ahí, esa olla de agua o lo que sea?". "Sí, lo veo", dijo él. Entonces, le dije, "¿podría llamarse con otro nombre?". Y él dijo, "No". "Entonces, tampoco yo puedo llamarme distinto a lo que soy: una cristiana".
>
> (*Martirio,* 3)

Mientras estuvo en prisión, Perpetua recibió algunas visiones que le daban fortaleza, le anunciaron su muerte y le aseguraron que su muerte sería una victoria para Cristo. Cuando, después de algunos días, volvió a verla, su padre reiteró la súplica:

> "Hija", dijo, "ten piedad de mi edad, ten piedad de mí, tu padre... piensa en tus hermanos, en tu madre, en tu tía; piensa en tu hijo, que no será capaz de sobrevivir si tú te vas. ¡Deja a un lado tu orgullo! ¡De lo contrario, nos destruirás a todos!". Esta fue la manera en que mi padre habló motivado por su amor por mí. Besó mis manos y se postró delante de mí... Intenté consolarlo, diciéndole: "lo que vaya a suceder en la cámara de los prisioneros será la voluntad de Dios; puedes estar seguro que no estamos solas, sino que estamos en sus manos poderosas".
>
> (Martirio, 5)

Finalmente, cuando se presentó ante el gobernador romano, aun éste pareció tener piedad de la situación de Perpetua y antes de anunciar la sentencia, también le pidió que reconsiderara su posición:

> Hilariano, el gobernador... me dijo: "Ten piedad de las canas en la barba de tu padre. Ten piedad de tu hijito. Ofrece el sacrificio por el bienestar de los emperadores". Pero le contesté: "No la haré". ¿Eres cristiana?"", me preguntó Hilariano. Y le dije: "Sí, lo soy."
>
> (Martirio, 6)

Hay que destacar la intensidad y sinceridad de las emociones expresadas. El padre está abatido y enmudecido por la resolución de su hija; y Perpetua conmovida por la tristeza y lástima de su padre, pero no cambia de parecer. El gobernador parecía razonable, y hasta renuente al castigo. Y a pesar de la barbarie de la condena a ser devorada por las fieras salvajes en una arena pública, hay deleite en la muchedumbre que observa la tortura y la horrible muerte de las víctimas.

Lo que puede deducirse de este texto es la nobleza de los mártires y la profunda confusión que suscitaba su postura decidida. Se tiene la impresión de que, tanto el padre como el gobernador, simplemente no entendían cómo Perpetua prefería entregar su vida que echar unos pocos granos de incienso en el altar de los emperadores. El gobernador impuso su política, pero parecía no tener la complacencia malvada frecuentemente retratada en las películas de cine. Sin embargo, el martirio de Perpetua y Felícitas fue un espectáculo público y la muchedumbre disfrutó de su muerte.

Esta marea de hostilidad oficial contra el cristianismo alcanzó su apogeo en las reformas conservadoras de los emperadores Diocleciano y Galerio, en 302–310. Sintiéndose amenazado en las fronteras, Diocleciano inició una amplia reforma cultural para revigorizar el sentido de una romanidad común. Pero la persecución de Diocleciano sirvió para demostrar que el florecimiento del movimiento cristiano no iba a erradicarse fácilmente de la estructura y la rutina de la vida romana cotidiana. Dadas las circunstancias, Galerio cambió su política en el año 311 y emitió un edicto de tolerancia. La prolongada historia de antagonismo estaba llegando a su fin.

Como hemos visto, la oposición entre Roma y el cristianismo raramente estuvo bien definida. Tampoco la política romana fue lo persistentemente agresiva para perseguir a los cristianos. Sin embargo, esta penosa era de sospechas, aislamiento y desconfianzas produjo una poderosa y "persuasiva" ética del martirio. Aun cuando la supervivencia y el continuo crecimiento de los cristianos señalaba que su gran mayoría escapó de una o de otra forma a la persecución, los pocos "atletas de Cristo" establecieron un heroico ideal cristiano que hoy sigue haciendo eco todavía en los cristianos (*CIC*, 2473). Ignacio de Antioquía proclamó: "Por fin soy un discípulo" cuando se acercó al martirio, ofreciendo así una fuerte imagen de la imitación de Cristo, aun en la muerte. Para Orígenes de Alejandría, el martirio era una clase especial de muerte. Se trataba de morir como "cristiano, religioso, santo"; se trataba de una oportunidad de compartir la obra de la redención, con la firme convicción de que la muerte iba a ser superada por Cristo.

Tejiendo los hilos: el nacimiento de la Iglesia Católica

Los primeros tres siglos del cristianismo estuvieron marcados por el conflicto, tanto interno como externo. Esta época fue para la Iglesia un "bautismo de fuego". En respuesta a las presiones y desafíos de aquellos que se decían cristianos –Marción, Montano y los gnósticos– y aquellos que vehementemente rechazaron la fe cristiana, como judíos y romanos, las comunidades cristianas poco a poco iban logrando un consenso católico. En los inicios del siglo IV, y a lo largo de todo el imperio, tuvo lugar una especie de Federación de Iglesias Unidas en lo esencial de la fe, el culto y la autoridad. Las Iglesias continuaron creciendo y expandiéndose, hundiendo raíces en la vida y la política del imperio y adquiriendo más y más influencia como fuerza política. Aun cuando probablemente los cristianos no conformaban una mayoría numérica en el imperio, ya se encontraban en todos lados. Además, con gran ánimo y entereza, persuadieron a Galerio para el giro hacia la tolerancia. La situación era propicia para que un diestro político hiciera un digno servicio a su imperio. Este político inteligente fue Constantino, el primer emperador romano cristiano.

PARA REFLEXIONAR

1. ¿Qué conexiones ves entre la fe judía y la fe cristiana de los católicos?

2. ¿Cómo compararías la predicación del Evangelio en la Era de "la ética del martirio" y en nuestras parroquias católicas de la actualidad?

Capítulo 2

La fe se establece

C uando analizamos el siglo IV, nos movemos de un época en que los cristianos habían estado fuera de la sociedad a una en que los cristianos están en ella. Esto es, la religión cristiana se abría paso para establecerse en el Imperio Romano. En el año 311 d.C., Galerio emperador emitió un edicto de tolerancia. En el año 313 d.C., Constantino se convirtió a la religión cristiana y ascendió al trono, para poco después reafirmar su tolerancia a los cristianos en el Edicto de Milán. Todavía se debate si este hecho fue algo ventajoso para los cristianos. Muchos expertos, antiguos y modernos, han señalado que el "constantinismo" –el establecimiento de la religión cristiana como una religión apoyada por el Estado– ocasionó un gran desastre para la Iglesia, debido a que su entrada a la cultura imperial significó que el Reino de Dios se rebajaba al estatus de un reino de este mundo. En cambio, también otros expertos, antiguos y modernos, han visto la conversión de Constantino como una obra providencial de Dios. Incluso Agustín de Hipona, en su juventud, alabó las glorias de esos "tiempos", cuando los cristianos esparcían el Evangelio en un imperio pacífico. Pero la cuestión permanece abierta: Paz, ¿a qué precio?

La tolerancia y sus opositores

Cuando Galerio sucedió a Diocleciano en el trono, inicialmente continuó la política de su predecesor contra los cristianos. Pero, en el año 311, cuando su salud se deterioró, Galerio aparentemente había experimentado un cambio interior. El 30 de abril del año 311 emitió en un decreto:

> Tras emanar nosotros la disposición de que [los cristianos] volviesen a las creencias de los antiguos, muchos accedieron por las amenazas, otros muchos por las torturas. Mas, como muchos han perseverado en su propósito y hemos constatado que ni prestan a los dioses el culto y la veneración debidos, ni pueden honrar tampoco al Dios de los cristianos,

en virtud de nuestra benevolísima clemencia y de nuestra habitual costumbre de conceder a todos el perdón, hemos creído oportuno extenderles también a ellos nuestra muy manifiesta indulgencia, de modo que puedan nuevamente ser cristianos y puedan reconstruir sus lugares de culto, con la condición de que no hagan nada contrario al orden establecido.

(Eusebius, *Ecclesiastical History,* p. 480).

Galerio murió cinco años después. Pero con el perdón concedido desde su último lecho había comenzado a cambiar el curso de la historia. Después de su muerte, dos de sus co-emperadores, Maximino y Magencio intentaron sin éxito revivir la política anti-cristiana, pero pronto fueron arrastrados por la marea representada por la coalición de dos rivales de Galerio: Licinio y Constantino.

Constantino no era cristiano cuando comenzó su campaña para adquirir el título de Augusto, gran emperador. En el año 312, justamente un año antes de su gran victoria, recibió la promesa de victoria de un reino de treinta años de parte de Apolo, el Dios sol. Entonces, ¿por qué ese aparente cambio interior, esa conversión a la fe cristiana? De acuerdo a la historia, Constantino se convirtió precisamente en el campo de batalla, cuando en un sueño o en una visión observó una cruz con la siguiente inscripción: "Por este signo, vencerás". Al día siguiente obtuvo justamente eso, la victoria, sometiendo a un ejército superior –conducido por Magencio– en el puente de Milvio. Constantino entró triunfalmente en Roma y, junto con Licinio, emitió el Edicto de Milán en el año 313. El Edicto de Galerio dos años antes había permitido las reuniones de los cristianos, ahora el Edicto de Milán proclamaba la libertad religiosa para todos y designaba al culto del Dios de los cristianos como el primero entre los otros cultos del imperio.

Pero Licinio y Constantino entraron en desacuerdo respecto a lo que significaba esa preeminencia. Licinio era más o menos conservador con respecto a Roma y parecía que esperaba asimilar el Dios cristiano al panteón o elenco de dioses del Imperio

Romano. Como esto se hacía cada vez menos posible, Licinio, desde la corte, se volvió más y más hostil hacia los cristianos. Así, cuando Constantino se enfrentó a su antiguo aliado en el año 324, Licinio se encontró sin el apoyo que necesitaba para resistir y, por consiguiente, fue derrotado. En la batalla de Crisópolis, en septiembre del año 324, Constantino se convirtió en el único emperador de Roma.

Pero, ¿fue Constantino realmente el primer emperador *cristiano*? Constantino fue guerrero hasta la médula, y en la victoria no vaciló en ejecutar a toda la familia de Magencio, rivales en su ascenso al poder. Sus maniobras contra Licinio mostraban todas las marcas de un conquistador cruel y despiadado, y su reino como emperador está manchado con la sangre de su propio hijo Crispo, ejecutado por orden imperial por considerarlo rival para su trono. Por lo que se ve, la vida y la conducta de Constantino estaban lejos de la santidad. Si fue cristiano era evidente que no se trataba de un buen cristiano.

Pero, entonces, ¿por qué tal hombre apoyó y dotó a la Iglesia cristiana de riqueza y honor, tomando parte en los debates sobre la doctrina de la Trinidad? Puede verse cómo Constantino pudo simplemente haber querido hacer con los cristianos lo que Diocleciano y Galerio intentaron hacer con un paganismo redivivo: dotar a los ciudadanos de todos los rincones del imperio con un propósito y sentido de identidad comunes. Cuando los cristianos se mostraron fuertes y resistentes ante un Estado totalmente hostil, era razonable convertirlos en una fuerza amiga, aliados más que opositores. Incluso, el tono de las alocuciones y cartas de Constantino parecen revelar una sincera convicción en la providencia y en la gracia del Dios de Jesucristo, en su designación como "siervo" de Dios. Leyendo sus palabras, es difícil creer que la conversión de Constantino fue absolutamente superficial.

Cualesquiera que hubieran sido las razones de Constantino: personales, políticas o ambas, pronto se encontró a la cabeza de una gran iglesia. Aunque Constantino no fue quien "estableció" la religión cristiana, no debe subestimarse su patrocinio e interés en el bien de la Iglesia. Constantino empezó inmediatamente a reconocer derechos para la Iglesia, otorgándole tierra y propiedad, levantando al clero a una posición de honor y privilegio en el imperio, exentándolo de los impuestos y deudas municipales y permitiéndole jurisdicción sobre algunos asuntos legales. En todo aspecto, los cristianos emergieron de su situación desventajosa para convertirse en ejes de la vida cívica y religiosa del imperio. Los oficios de la Iglesia empezaron a ser modelados a partir de los oficios del imperio, esto llevó a la Iglesia a adoptar algunas estructuras burocráticas que durante siglos habían sido la clave de la eficiente operatividad del imperio. Quizá sea en esta instancia cuando la Iglesia se convirtió en romana y también en católica. Por eso, podemos, a partir de aquí, comenzar a hablar de la Iglesia Católica Romana en cierta forma como la conocemos en la actualidad.

La búsqueda de la pureza en una Iglesia "tibia"

No todos los cristianos celebraron la proclamación de legitimidad de la religión cristiana. Cuando los cristianos se hicieron más numerosos y más prominentes en la cultura imperial, algunos (pocos) creyentes idealistas abandonaron las prácticas urbanas y se dirigieron al desierto. Hacia el año 270 d.C., un joven cristiano de Egipto llamado Antonio asistió a la liturgia dominical y escuchó el mandato de Jesús al hombre rico en Mateo 19:21: "Si quieres ser perfecto, ve a vender todo lo que tienes y dáselo a los pobres; así tendrás un tesoro en los cielos. Luego ven y sígueme".

Estas palabras impresionaron a Antonio con especial fuerza, como un mensaje que Dios le dirigía, y actuó inmediatamente. Llevó a su hermana a un convento, vendió toda su propiedad familiar y se trasladó a las regiones desérticas, a las afueras de su pueblo. Antonio se dirigió al desierto en búsqueda de una perfección espiritual más profunda, y para encontrarla practicó un estricto régimen de ayuno y auto-negación disciplinada.

Eventualmente, se retiró aun más lejos en el desierto. En torno a él se congregó una comunidad de cristianos inconformes, hambrientos de un mayor rigor y vida de disciplina, formando una nueva "ciudad" de ascetas (de la palabra griega *askesis* que significa "disciplina"). Antonio no era el primero en encontrar alivio espiritual en el desierto, sin embargo, su amigo y admirador Atanasio consignó por escrito la historia de su vida, la cual fue difundida a lo largo de todo el imperio. Al surgir el establecimiento de Constantino, cientos de jóvenes, hombres y mujeres, imitaron a Antonio y se desplazaron al desierto. Los cristianos que habían surgido de la teología de resistencia y auto sacrificio de los mártires se encontraban, después de Constantino, en un mundo libre de persecución, donde el celo y el compromiso ya no eran necesarios para la fe. Para ellos, la *Vida de Antonio* fue un manifiesto que proclamaba la excelencia de la vida cristiana y el ascetismo en las regiones desérticas. En un mundo sin persecución, el ascetismo ofreció una vida de martirio espiritual al servicio de Dios. Bajo la inspiración de Antonio, el ideal ascético pronto se esparció por todo el imperio, en Capadocia, Siria y eventualmente en el sur de Galia (Francia).

Los cristianos de África del Norte expresaron su descontento con la Iglesia de Constantino de manera diferente. La Iglesia en África del Norte se vio dividida, a principios del siglo IV, por el debate sobre si debían ser readmitidos al redil aquellos que por debilidad habían sucumbido a las autoridades romanas durante las persecuciones. Muchos sostenían que los traidores no debían ser readmitidos a la Iglesia. Semejante traición era un "pecado contra el Espíritu Santo" (Mateo 12:31–32) que no podía perdonarse.

Estos cristianos rigurosos, llamados donatistas, proclamaban que eran la verdadera Iglesia de los mártires y santos, puesto que únicamente ellos habían mantenido la pureza y la virtud de la Iglesia sin la mancha de la deslealtad. Su apasionado llamado a la pureza en la Iglesia obtuvo muchos seguidores, llegando a ocasionar un tumulto de tal magnitud que se ganaron la reprobación de Constantino. Pero los donatistas, convencidos de la santidad de su causa, persistieron. Un siglo después, África tuvo dos Iglesias paralelas, cada una con sus propios obispos y sacerdotes y sus propias basílicas. Hacia el año 400, la Iglesia donatista estaba más extendida en África que la misma Iglesia Católica. Los obispos católicos, entre ellos San Agustín de Hipona, acudieron al uso de la fuerza para poner fin al cisma.

LA CONTROVERSIA ARRIANA

Los donatistas causaron sólo la primera controversia que interrumpió la paz del imperio de Constantino. A principios del siglo IV, una tormenta se preparaba en Egipto. Hacia el año 318, el Obispo Alejandro de Alejandría ofreció un sermón a sus clérigos sobre la "Unidad en la Trinidad". De acuerdo a todos los relatos, este espinoso tema excedía el alcance de las capacidades teológicas de Alejandro, pero un sacerdote en particular disputó con agresividad la enseñanza del obispo. El nombre del sacerdote era Arrio. Al parecer, Arrio había concluido que si el *Logos*, la Palabra de Dios que se hizo carne en Jesucristo, había venido "del Padre", entonces podría no ser realmente Dios, puesto que "Dios" era por definición inamovible e increado.

La Palabra debió ser alguien creado, quizá el primero y más grade ser creado, y llamarlo "divino" era simplemente reconocer su supremacía sobre todas las criaturas. Cuando el Obispo Alejandro insistió en la igual divinidad de la Palabra con respecto al Padre, Arrio consideró la idea como una ofensa a Dios.

Alejandro escribió una carta condenando la enseñanza de Arrio en el año 319, pero Arrio contaba con el apoyo de otras figuras prominentes en la Iglesia de Oriente: el famoso obispo historiador Eusebio de Cesarea y su homónimo, Eusebio de Nicomedia. Rápidamente, la disputa local en Alejandría se esparció por los territorios de Oriente y puso enemistad entre los obispos. Constantino, buscando siempre preservar (¿o descubrir?) la paz en el imperio, convocó a un Concilio de obispos para que discutieran el problema.

El Concilio se emplazó en Nicea, un pueblo pequeño en Bitinia (al norte de Turquía), cerca de Nicomedia, donde Constantino había establecido su corte. Doscientos veinte obispos respondieron al citatorio y casi todos ellos eran obispos de habla griega, de Oriente. A principios del siglo IV, Asia Menor se había convertido en el centro geográfico del imperio, y solamente cuatro o cinco obispos llegaron del Oeste, siendo de habla latina. El Papa Silvestre I, Obispo de Roma, envió dos delegados, en lugar de asistir él personalmente. Aun así, tal reunión era todo un acontecimiento y así lo vieron los participantes. Al inaugurarse el Concilio, el Emperador Constantino urgió a los obispos a encontrar paz y unidad en nombre de Cristo. Pero, de acuerdo a la leyenda, sus palabras cayeron en oídos sordos cuando los obispos se enfrentaron en dos bandos: pro-Arrio y anti-Arrio. La división era tal que hasta Constantino propuso que la doctrina de Arrio fuese rechazada y que la Palabra y el Padre debían ser considerarse *homoousios*, de la misma esencia o ser (de ahí el lenguaje que empleamos en nuestro credo actual, "de la misma naturaleza del Padre", *CIC*, 242). Con el peso de la autoridad imperial, se impuso este lenguaje y 218 de 220 obispos firmaron el credo.

Sin embargo, mientras que estaba claro que había sido condenada la posición de Arrio, no quedaba claro para todos lo que precisamente significaba la expresión técnica "la misma esencia". ¿Qué tan específico era el término "misma"? ¿Se refería a la identidad exacta, o a una semejanza muy general? Los obispos y teólogos se dividieron en varias facciones, cada una con su propia opinión de con cuánta precisión se aplicaba el lenguaje de Nicea a Dios. Durante un tiempo, al parecer, la mayoría de los obispos firmantes y sus sucesores parecían alejarse del lenguaje de Nicea, quedando solamente pocos defensores del Credo Niceno, como por ejemplo, Atanasio de Alejandría. Constantino murió por ese mismo tiempo, en el año 337. Su hijo y eventual sucesor, Constancio, había adoptado la posición arriana. La unidad aparente de Nicea se disolvió en una década.

¿Qué estaba realmente en juego en aquel debate? Podría parecer ridículo que la elección de palabras acerca de algo como la Trinidad, la cual está siempre oculta en el misterio, fuese el motivo de la pelea. Podría suponerse, en primera instancia, que el debate sobre la Trinidad fue simplemente la fachada de ciertas maniobras políticas. Y, para ser justos, había problemas políticos que los participantes expresaban en sus argumentos. La Iglesia en la nueva capital, Constantinopla (lo que actualmente es Estambul, Turquía) competía por un lugar de autoridad en la Iglesia de ese tiempo, mientras que los más antiguos centros de la fe en Alejandría y Antioquía resistían a los que recién surgían. Atanasio, obispo de Alejandría, reconoció que Constantinopla era importante por ser la nueva capital imperial, pero señaló que no era una Iglesia establecida por los Apóstoles. Ciertamente, esta rivalidad entre las grandes ciudades no ayudaría a establecer preeminencias, sino que habrían de influir los argumentos en torno a la Trinidad.

Pero el debate no puede reducirse simplemente a esas maniobras políticas. En el lado arriano (los arrianos eran seguidores de "Arrio", el cual no debe ser confundido con el término racial nazi "ario"), era una ofensa contra la integridad, simplicidad y perfección de Dios decir que parte de Dios había sido "engendrado". Dios, por definición, estaba más allá del tiempo y del cambio y así llamar a la Palabra "Dios" era algo sospechoso de idolatría, algo que los buenos cristianos no debían aceptar.

Por otra parte, Atanasio, quizá el más prolífico y obstinado oponente del movimiento arriano, sostenía que la fe en la obra redentora de Cristo estaba en riesgo. Atanasio argumentó que el núcleo del Evangelio es que Dios nos salva. Si Arrio tenía razón, y si la Palabra hubiese sido creada, aun cuando fuese el primero y más alto ser creado, no dejaba de ser una criatura, con los defectos y fallas de todas las criaturas. La Palabra, a juicio de Arrio, no tenía control sobre toda la creación de Dios; era imposible pensar que una criatura pudiese salvar a otras criaturas. Solamente Dios, el creador, podía restaurar la creación. La toma de postura arriana era dudar de la salvación. Se trataba de un asunto trascendental que explicaba la obstinación de Atanasio y de su partido. Cuando la fuerza del debate se volvió a favor de la posición arriana, Atanasio fue exiliado al occidente del imperio. En Trieste y en Roma, Atanasio ganó el apoyo de algunos obispos occidentales, incluyendo el del obispo de Roma. Para los obispos occidentales, lo que estaba equivocado era la relación que se daba entre el emperador y la Iglesia. Ninguno cuestionaba la autoridad del emperador para convocar Concilios, pero excedió su autoridad cuando actuó para anular la autoridad de Roma y Alejandría.

Posteriormente, este conflicto iba a distanciar al Occidente del Oriente. Si antes los obispos estaban divididos por el lenguaje y las costumbres, terminaron por dividirse en la doctrina. Eventualmente, Constancio ejercía dominio sobre sus opositores de Occidente y el imperio permaneció, en gran parte, siendo arriano hasta su muerte, en el año 360. Antes de morir, Constancio tomó una decisión que significó la ruina del movimiento arriano. Constancio designó a su primo Juliano como su sucesor, el cual se distinguió en la batalla contra la invasión bárbara germana en Galia (ahora Francia). Bajo el emperador Juliano, el debate arriano cesó, cuando los cristianos se vieron forzados a unirse contra los últimos embates del paganismo.

Juliano, llamado posteriormente el apóstata, había crecido en una familia cristiana, pero abandonó su religión mucho antes de ascender al trono. Fue hijo del medio hermano de Constantino, ejecutado por el mismo Constantino en el año 337. Con sólo seis años de edad, Juliano fue puesto al cuidado de la Iglesia y educado en filosofía, literatura y retórica. Juliano confesó a lo largo de su vida que su primer y más grande amor eran los libros. Al parecer, abandonó la fe cristiana a causa de su lectura de los clásicos de la filosofía antigua y adoptó como religión la filosofía mística pagana.

A pesar de su gran amor al estudio, el camino de Juliano al trono imperial estaba en el campo de batalla. Cuando las tribus germánicas penetraron los territorios occidentales del imperio en el año 356, Juliano condujo un ejército para repelerlos. Los persas estaban presionando al mismo tiempo en las fronteras del Este, y Constancio pidió ayuda a su primo. Juliano respondió con desdén, declarándose abiertamente pagano, y comenzó así su marcha hacia el Este para usurpar el trono de su primo, no para brindarle ayuda. Constancio, sin embargo, contrajo malaria y, en su lecho de muerte, proclamó a Juliano, su antiguo rival, como su sucesor.

Siendo emperador, Juliano intentó extirpar la Iglesia cristiana de la política del imperio. Primero purgó la corte de Constancio de cualquier influencia cristiana. Ordenó que todos los expatriados (incluyendo Atanasio de Alejandría) retornaran a sus hogares, no por indulgencia y tolerancia, sino para que las facciones rivales cristianas se separaran y dejaran lugar para su nuevo paganismo. Juliano intentó revivir el sacerdocio, los templos y rituales paganos. En el fondo, intentó dar marcha atrás al progreso que la religión cristiana había experimentado a lo largo de cincuenta años o más.

En realidad, a veces parecía que Juliano pudo haber sido motivado más por su odio a la religión cristiana que por su devoción a una religión pagana en particular. Emitió decretos que obligaban a los cristianos al estudio de los clásicos griegos y latinos, y promovió a los paganos a posiciones prominentes en su gobierno. Incluso, planeó reconstruir el templo judío en Jerusalén, aparentemente para vejar a los creyentes y quitarles la idea de que la destrucción del templo había sido un signo providencial de la superioridad de la fe cristiana a la fe judía. Puesto que conocía el cristianismo desde el interior, su polémico escrito (ataque) titulado *Contra los galileos* fue particularmente agudo. Aun cuando el reino de Juliano duró menos de dos años, hasta su muerte en la batalla contra los persas en el año 363, significó un retroceso para los cristianos: les recordó que su ascenso a puestos de poder e influjo en el imperio no significaba seguridad alguna. Y, por otra parte, cambió el curso de la controversia arriana.

Juliano se convirtió en una figura satánica en la leyenda cristiana, anticipando las decepciones y persecuciones causadas por el anticristo. Su muerte prematura fue vista como una obra de la Providencia. Algunas leyendas contaban que Dios resucitó a unos mártires para eliminar a Juliano. Irónicamente, sus intentos por eliminar la fe cristiana condujeron a un eventual triunfo de la ortodoxia nicena. Los predecesores de Juliano habían sido claramente arrianos y habían bloqueado el progreso de los partidarios de Nicea. Sin embargo, Juliano protegió a ambos grupos, con la esperanza de que las divisiones y conflictos internos condujesen a que los cristianos se destruyesen a sí mismos desde el interior. Con espacio para maniobrar, los nicenos fueron capaces de tomar los primeros pasos para que la Iglesia adoptara la auténtica enseñanza del Concilio de Nicea.

Establecimiento y colapso: 365–476 d.C.

Con la muerte de Juliano el trono pasó de nuevo a manos de emperadores cristianos. Valentiniano se convirtió en emperador en el 364 y compartió el honor con su hermano Valente. Valentiniano gobernó la mitad occidental del imperio y Valente fue emperador de la parte oriental. Valentiniano simpatizó con la posición nicena, y los líderes de los partidarios de Nicea estaban al acecho para aprovechar la oportunidad que se le presentaba. En una rápida sucesión de concilios en París, Roma y Sicilia, sacerdotes y obispos coincidieron en condenar la posición arriana y a aquellos que la adoptaron. Gradualmente, la corriente cambió y los obispos arrianos fueron remplazados con obispos nicenos. Finalmente, en el año 373 murió uno de los más importantes obispos arrianos, Auxencio de Milán, el cual fue sucedido por Ambrosio, quien, siendo solamente un catecúmeno, fue un ardiente defensor de Nicea y un gobernador en la burocracia romana.

Ambrosio de Milán tenía treinta y cuatro años de edad cuando fue ordenado sacerdote y consagrado obispo. Considerado uno de los cuatro grandes padres de la Iglesia Occidental (con Jerónimo, Agustín y Gregorio Magno), influyó decisivamente en el acercamiento de la Iglesia antigua y medieval a la exégesis, a la música sacra y al establecimiento de la relación entre la Iglesia y el Estado. Gracias a su liderazgo, la Iglesia occidental finalmente extinguió las últimas chispas de arrianismo y adoptó resueltamente la posición nicena. Ambrosio desempeñó un papel importante en la conversión de Agustín de Hipona; de hecho, fue él quien lo bautizó en el año 387.

La apasionada confianza de Ambrosio en la autoridad de la Iglesia lo condujo a excomulgar al emperador Teodocio I cuando éste último ordenó imprudentemente la ejecución de miles de ciudadanos después de un disturbio en Tesalónica en el año 390. La aceptación, por parte de Teodocio del juicio de la Iglesia y su penitencia pública ante la gente de Tesalónica, dejó una profunda impresión en sus contemporáneos, Agustín de Hipona entre ellos. (Ver, por ejemplo, *La ciudad de Dios*, escrita por San Agustín V. 26). Con el poderoso influjo de Ambrosio, Teodocio estableció gradualmente la fe ortodoxa nicena como la religión del imperio al emitir leyes contra la herejía y los sacrificios paganos en las décadas de los años 380 y 390. En el 397, cuando murió Ambrosio, la religión católica se convirtió en la única religión establecida del imperio occidental. Casi él solo, Ambrosio de Milán consolidó y unificó la Iglesia Católica del mundo conocido.

LA IGLESIA DE ORIENTE DESPUÉS DEL ARRIANISMO: LA CONTROVERSIA CRISTOLÓGICA

La Iglesia del Este, entretanto, también había comenzado a inclinarse a favor de Nicea. Atanasio de Alejandría murió en el año 373, y el liderazgo intelectual y espiritual de la Iglesia de habla griega recayó en tres hombres de Capadocia, territorio situado en Asia Menor. Los "padres capadocios" –Basilio Magno (de Cesarea), su hermano menor Gregorio de Nisa y Gregorio de Nacianzo o Nacianceno– trabajaron para consolidar y clarificar la teología nicena en el Este. Sus esfuerzos culminaron en el Concilio de Constantinopla en el 381, el segundo gran "Concilio ecuménico" de la Iglesia. Con algunas adiciones, el Concilio de Constantinopla reafirmó esencialmente el credo de Nicea. Bajo la inspiración de Gregorio Nacianceno, Constantinopla habló del Hijo como "engendrado desde la eternidad". Bajo la inspiración de Basilio, el Credo afirmó que el Espíritu Santo era igual en honor y gloria, al Padre y al Hijo, y por lo tanto, era plenamente divino. ("Que con el Padre y el Hijo recibe una misma adoración y gloria", tal y como se proclama hoy en el Credo, *CIC*, 685). Con esta reafirmación y clarificación, el Concilio de Constantinopla marcó el final de la controversia Arriana y la primera declaración completa y formal de la doctrina de la Trinidad.

Tan pronto se habían calmado los debates en torno a la teología trinitaria, un nuevo problema teológico surgió en el Este: la identidad de Cristo. El triunfo de la teología nicena confirmó que el Logos, el Hijo de Dios, era plenamente divino, pero esta decisión condujo a la siguiente cuestión lógica: ¿Cómo pudo este Hijo divino asumir carne humana? Una vez más, como sucedió con los debates trinitarios, lo que parecía un asunto técnico y sutil de teología se convirtió en una cuestión fundamental en torno a la verdad de la salvación.

Por una parte, para Apolinar de Laodicea, el Logos (que había sido capaz de salvar a la humanidad) debía ser perfecto. Esto significaba que el Logos no sería plenamente humano, puesto que los humanos son falibles y pecadores. Apolinar propuso que el Logos divino había tomado el lugar de un alma humana racional en Jesucristo, de manera que solamente fue asumida la "carne", el cuerpo de un humano. Esta formulación tenía que ver con una cristología de la "encarnación de la Palabra" (*Cristología* = "tratado de Cristo"). Por otra parte, los oponentes de Apolinar objetaron que el Logos tenía que ser totalmente humano, puesto que "lo que no se asume, no se redime".

En el polo opuesto a la posición de Apolinar estaba la así llamada cristología de la "adopción", propuesta por Teodoro de Mopsuestia, el cual sostenía que el Logos "asumió" o "adoptó" una persona individual humana. Esta idea preservaba la plena humanidad y la plena divinidad de Cristo, pero dejaba sin aclarar si había una relación necesaria entre los dos aspectos, y dejaba abierta la posibilidad de que hubiera dos personas en Cristo, una divina y otra humana.

Nestorio, el obispo de Constantinopla y seguidor de la posición de Teodoro, suscitó un conflicto cuando rechazó el uso del título tradicional de María como *Theotokos*, "Madre de Dios", en la Iglesia de Constantinopla, debido a que parecía confundir la persona humana con la divina. La subsiguiente disputa de Nestorio con Cirilo, obispo de Alejandría, condujo a un largo y complicado debate que, sin tener las dimensiones de la controversia arriana, no dejaba de ser serio. Nestorio fue condenado y así siguió, aun cuando se logró un acuerdo preliminar entre sus seguidores y los de Cirilo en el Concilio de Éfeso, en el año 431. Como el de Nicea, un siglo antes, el Concilio de Éfeso representó el punto medio del debate, no el fin. Después de Éfeso, un monje de nombre Eutiquio propuso que Cristo tuvo dos naturalezas, una divina y otra humana, antes de la Encarnación; estas dos naturalezas se fusionaron en una única naturaleza divina/humana después de la Encarnación. Más que resolver el problema, esta propuesta parecía complicar aún más la cuestión de la salvación, puesto que Cristo parecía ni realmente divino (y así, muy débil para salvar), ni realmente humano (por ende, incapaz de salvar a la humanidad).

El debate continuó durante veinte años, incluso interviniendo el Papa León I en la disputa, hasta que finalmente se llevó a cabo el Concilio de Calcedonia en el año 451. La fórmula de Calcedonia, de hecho, ya estaba esbozada –en virtud de la contribución del Papa León– en una carta que ha sido llamada el *Tomo* (libro), la cual cuidadosamente señala la doctrina de las dos naturalezas de Cristo, una plenamente humana (contra Apolinar), y otra plenamente divina (contra Arrio), sin confusión (contra Eutiquio), sin separación (contra Nestorio), y unida en una persona (contra Nestorio).

Es importante señalar que esta fórmula, aceptada por ambas partes del Este y del Oeste, realmente no ofrecía una definición positiva de cómo la naturaleza plenamente humana y la plenamente divina llegaron a unirse. Más bien, la fórmula señala los límites de nuestro conocimiento (al afirmar que aquella señala cómo "comprendemos" a Cristo) y protege ese limitado conocimiento de los excesos de Nestorio, Eutiquio y Apolinar. Ante todo, Calcedonia representa el intento de hacer comprensible y afirmar el Evangelio de Cristo, el mensaje de la salvación, en un lenguaje y cultura particular, con la humildad apropiada.

LA IGLESIA DE OCCIDENTE DESPUÉS DE AMBROSIO: AGUSTÍN Y SUS ADVERSARIOS

Aun cuando la Iglesia occidental ayudó a resolver lo que se ha llamado la controversia cristológica de Éfeso y Calcedonia, la mayoría de sus esfuerzos teológicos estaban dirigidos hacia problemas más locales. Para analizarlos, tal vez Agustín de Hipona, quien pareció tocar todos los problemas, controversias y líos que causaban confusión en Occidente durante ese período, puede ofrecernos una excelente perspectiva. Agustín nació en África del Norte en el año 354, y en su juventud pronto alcanzó éxito, sin excluir problemas. Su éxito profesional como maestro de retórica en la ciudad imperial de Milán parecía predestinarlo al alto rango de gobernador provincial.

Sin embargo, como él mismo relata en sus *Confesiones*, Agustín era hiperactivo. En efecto, un tiempo fue miembro de la secta herética de los maniqueos, luego se convirtió a la filosofía platónica y, finalmente, a la edad de treinta y tres años, fue bautizado en la Iglesia Católica por Ambrosio de Milán. A los pocos años de su Bautismo, Agustín fue ordenado sacerdote en la ciudad de Hipona, y luego se convirtió en su obispo. Desde su pequeña localidad rural en África del Norte, Agustín participó en todos los debates teológicos de importancia en su época.

Sus primeros oponentes fueron sus antiguos correligionarios, los maniqueos, seguidores del profeta Mani (+ 276 d.C.), quienes creían que el mundo era el lugar donde se llevaba a cabo una guerra entre fuerzas iguales del bien y del mal. Las fuerzas del bien eran el espíritu de la luz, mientras que las fuerzas del mal estaban en el mundo material. Como los gnósticos, los maniqueos creyeron que algunos humanos tenían chispas de luz divina atrapadas en la carne humana. El ritual y la práctica maniquea tenían como fin liberar esas partículas de luz de la atadura de la materia, de manera que pudieran viajar a través de la Vía láctea al reino celestial de la luz.

Los primeros escritos de Agustín fueron ataques contra los maniqueos, que defendían la bondad del mundo creado y la soberanía de Dios. Agustín sostenía que el mal no era un poder cósmico en sí mismo, sino que más bien era la caída, el rechazo de la bondad de la creación. Aun cuando los maniqueos eran numerosos e influyentes en África del Norte, durante la juventud de Agustín desaparecieron paulatinamente, debido al embate intelectual de éste y a las políticas cada vez más restrictivas del Estado.

El segundo gran oponente de Agustín fue la Iglesia donatista. Los donatistas sobrevivieron al establecimiento oficial del cristianismo apoyado por Nicea debido a que eran doctrinalmente ortodoxos. Los donatistas eran *cismáticos,* no *heréticos*, puesto que designaban a sus propios clérigos y obispos, y rechazaban la autoridad de los sacramentos católicos, pero no cuestionaban las doctrinas de la Iglesia misma. En sus escritos contra los donatistas, Agustín criticaba el estricto rigor de aquellos, al señalar que los sacramentos no dependían de la virtud moral del sacerdote o del obispo que los administraba, sino más bien de la gracia de Dios. Agustín señaló enfáticamente que la Iglesia era el lugar donde el creyente podía obtener la liberación del pecado, el cual afecta a todos. Por tanto, la supuesta pureza y virtud personales no podrían ser motivo de orgullo y deleite. Este persuasivo argumento tuvo su contraparte, sin embargo, en el apoyo que Agustín dio a la política estatal de supresión, a veces brutal, contra la Iglesia donatista. En efecto, al final de la vida de Agustín, los donatistas cismáticos habían sido prácticamente disgregados.

El último conflicto, y quizá el más amargo de Agustín, fue el que provocaron su propios escritos. En sus *Confesiones*, Agustín había reconocido sus luchas con las tentaciones del pecado en el pasado y en el presente. Estaba convencido de que tales tentaciones podrían ser superadas sólo con la ayuda divina, y por ello, imploró a Dios: "Dame lo que me pides, y pídeme lo que quieras".

Pelagio, un apasionado predicador de las Islas británicas que había pasado gran parte de su vida en Roma, objetó esta enseñanza de Agustín vehementemente. Para Pelagio, esta frase de Agustín representaba un lastimoso fracaso en asumir responsabilidad por las propias acciones. Pelagio estaba convencido de que Dios no emitía mandatos que los humanos no pudiesen cumplir. Además, señaló que los humanos pueden siempre rechazar el pecado y obedecer la ley. Lo que los humanos dejaban de hacer no significaba o no era una evidencia de alguna debilidad esencial a la naturaleza humana, sino que se trataba de hábitos y costumbres enraizados profundamente en la sociedad.

El debate con Pelagio y sus seguidores condujeron a Agustín a formular y clarificar la doctrina que ha llegado a ser conocida como "pecado original". Alimentándose de un fuerte sentido de la debilidad humana y fundamentada en la carta de Pablo a los romanos, la doctrina de Agustín enseña que la naturaleza humana está dañada por el pecado de Adán. Por cuanto todos participamos de la condición de Adán (estamos unidos "en Adán", ver Romanos 5:12–21), hemos nacido con una naturaleza dañada. De este modo, no podemos menos evitar los pecados. Solamente mediante la gracia de Dios somos salvados de esta condición. Estudios contemporáneos se han esforzado mucho por redimir el pensamiento de Pelagio, señalando que éste nunca llevó su posición a los extremos que lo hicieron sus seguidores. En otras palabras, hay una cuestión real sobre si Pelagio fue de hecho culpable de lo que posteriormente fue señalado como herejía "pelagiana".

Sin embargo, los problemas que surgieron en esta controversia causaron una profunda huella en la teología occidental, y el debate ha resurgido una y otra vez en formas diferentes por Próspero de Aquitania y Juan Casiano en el siglo V, por Pedro Lombardo y Pedro Abelardo en el siglo XII, y eventualmente por Martín Lutero y sus numerosos oponentes en el siglo XVI, cuando el debate se volvió, en varios sentidos, la clave de la Reforma protestante.

La Iglesia al final del imperio

Quizá sea irónico, pero justamente cuando la religión cristiana ortodoxa ganó su larga batalla de supervivencia y aceptación en el Imperio Romano, éste comenzó a mostrar signos reales de decadencia y derrumbamiento. Las divisiones entre el Este y el Oeste siguieron creciendo. Con la muerte de Teodocio en el año 395, el imperio fue dividido entre sus dos hijos. Las barreras lingüísticas entre Oriente y Occidente hicieron difícil todo intento de reconciliación, por decir lo menos. Aun cuando no se dio una ruptura formal entre las Iglesias de Oriente y Occidente en los subsiguientes seis siglos, era cada vez más claro que la Iglesia y el imperio eran dos entidades separadas. Distanciadas una de otra, Oriente y Occidente, debían afrontar enemigos externos. En ambas mitades del imperio del norte se veía un enjambre de tribus germanas, eslavas y asiáticas: godos, vándalos y hunos, entre otros. En el Este, los visigodos, apenas repelidos, atacaron Constantinopla; las provincias orientales permanecieron intactas, pero bajo amenaza constante. Aun cuando Constantinopla permaneció incólume y sin conquistar durante casi un milenio, su círculo de influjo se detuvo, básicamente, en los límites territoriales de aquellos que hablaban griego y aquellos que hablaban latín.

En Occidente, el Río Rin se congeló el 31 de diciembre del año 406 y miles y miles de personas de las tribus germánicas inundaron el territorio occidental del imperio. Muchos eran cristianos –arrianos convertidos en misioneros a mediados del siglo IV– pero el lazo de la fe apenas hizo el conflicto menos brutal. En el 410, Roma fue saqueada por los visigodos, cayendo por primera vez en ochocientos años. El *impacto* de la caída de Roma se extendió por todo el imperio, llevando a algunos romanos, incluso, a culpar al cristianismo por tal calamidad. La dimensión de los problemas animaron a Agustín a producir su más grande obra; la tenaz defensa de la interpretación cristiana del mundo, llamada *La ciudad de Dios*.

A pesar de la labor prolija de Agustín, la situación se hacía cada vez más grave. Vándalos y godos inundaron el imperio, incluso llegaron a España y, finalmente, avanzaron por todo el Mediterráneo hasta llegar a África del Norte. Cuando murió Agustín, en el año 430, los vándalos estaban a las puertas de Hipona y pronto las traspasarían. Esto era sólo el principio.

Roma fue asediada por Atila, el huno, en el año 452 y saqueada de nuevo por los vándalos en el año 455. Esos descendientes de germanos eran, o arrianos o paganos. El Imperio Romano Occidental dejó de serlo, aún cuando existía nominalmente. Una nueva era estaba a punto de comenzar en la historia de Occidente, y por tanto, en la historia de la Iglesia Católica.

PARA REFLEXIONAR

1. ¿Fue bueno o malo para la fe el que Constantino haya implantado la religión cristiana en el imperio? Si la fe cristiana se entrelaza con la cultura y la política, ¿hacen la cultura y la política mejor o peor a la fe cristiana?

2. ¿Es importante la claridad de doctrina para realizar un ministerio? Según tu opinión, cuando la gente participa en diálogos sobre la Trinidad y Cristología, ¿sólo complican las cosas, o están intentando clarificar la verdad del Evangelio?

Capítulo 3

La fe cristiana

E l torrente de las tribus germánicas en el imperio colapsó muchas de las estructuras de la cultura y la sociedad romanas. El gobierno, las obras públicas y la comunicación se desintegraron ante el ataque germano. Las únicas estructuras que al parecer resistieron fueron las de la Iglesia Católica. Los obispos católicos representaban la fe del pueblo romano conquistado, ahora bajo el control de una elite de guerreros germanos que eran, o paganos o herejes arrianos. ¿Podría sobrevivir la fe cristiana en esta nueva y hostil situación? Si la respuesta era sí, entonces ¿cómo? Este era el reto que habría de afrontar la Iglesia medieval: la lucha por la supervivencia.

En Inglaterra, al menos inicialmente, la esperanza de sobrevivir era muy oscura. Los cristianos bretones se retiraron ante la usurpación pagana de anglos y sajones (de ahí viene la palabra "anglo-sajón") hasta quedar aislados en las montañas galesas, refugiándose en las lejanas costas del norte de Inglaterra. En el continente europeo y en las primeras etapas de la invasión, los poderosos reyes guerreros de los godos y los francos se encontraron gobernando sobre la mayoría de la población cristiana-católica. La historia del nacimiento del cristianismo medieval –con todo su exótico misterio– es la historia de cómo esas dos fuerzas, la germánica y la romana, la pagana y la cristiana, interactuaron y se entremezclaron.

El nacimiento del mundo medieval (500–700): Gregorio de Tours y Gregorio Magno

Una imagen instantánea y vívida de este nuevo mundo se encuentra en la obra de Gregorio de Tours titulada *Historia de los francos*. Gregorio de Tours (538–594) provenía de una noble familia romana asentada en el territorio del Norte de Galia (Francia). Los francos estaban entre las primeras tribus bárbaras convertidas al cristianismo católico romano, de modo que el conflicto entre paganos y cristianos nunca se dio, en este caso, abiertamente.

Pero esto no quiere decir que los paganos se hubiesen convertido lentamente en romanos "civilizados". El catolicismo romano en la Galia del siglo VI era muy diferente al del mundo urbano que conocieron Atanasio y Agustín. La *Historia* de Gregorio narra la conversión de los francos al catolicismo occidental, pero también cuenta la "conversión" romana o, al menos, la asimilación a la cultura franca.

La sociedad franca estaba basada en el poder del rey y los lazos tribales. Sin un rey fuerte en su centro, la vida política franca se inundó de traición y violencia; se trataba de un mundo lleno de familias belicosas y poderosos patrones. En tal mundo, los obispos romano católicos proclamaron el patrocinio sobrenatural de sus santos. Se creía que estos santos, como San Martín de Tours, actuaban como protectores guerreros de la Iglesia desde el más allá, imitando la estructura de los francos en un nivel sobrenatural. Gregorio cuenta cómo San Martín protegió a los monjes de su monasterio de pagar una multa a la administración local:

> Se emitió un decreto por parte de los jueces que prescribían que debía multarse a aquellos que se mostraban renuentes a unirse a expediciones militares. La administración del Burgo envió sus representantes a una de las casas religiosas que pertenecían a San Martín en aquella región, con la orden de que los clérigos que ahí habitaban debían pagar la multa. El mayordomo de la casa resistió vehementemente. "Estos hombres sirven a San Martín", dijo. "Ellos no acostumbran a tomar parte en operaciones militares". "Ese tal Martín a quien nombras presuntuosamente no significa nada para nosotros", replicaron ellos… Al decir esto, uno de ellos caminó hacia el patio de la casa e inmediatamente cayó al piso con gran dolor y gravemente enfermo; se volvió al mayordomo y dijo débilmente, "Haz el signo de la Cruz sobre mí, te lo pido, e invoca el nombre de San Martín. Reconozco plenamente lo grande que es su milagroso poder"… El

mayordomo hizo un signo a sus hombres y arrojaron al entrometido. Ya fuera del recinto comenzó a invocar fervorosamente el nombre de San Martín. Pronto se sintió mejor y recobró la salud.

(Historia de los francos VII, 42)

De acuerdo a Gregorio, San Martín protegía a los suyos, como lo haría un señor feudal poderoso. Llena de semejantes historias de milagros y de magia, *la Historia de los francos* de Gregorio leída por nosotros parecería en parte una historia sentimental y en parte una novela fantástica. Si a algún periodo o lugar en la era medieval se le designa como "Edad oscura", esta correspondería al reinado de los francos, tal como lo presenta Gregorio. Su obra atestigua el cultivo del Evangelio en una cultura bárbara. Cuando era derramada la sangre en un feudo, Gregorio citaba a los guerreros ante él y mediaba entre ellos:

> "Hombres", dije, "deben parar esta conducta desordenada y no dejen que el mal que ya se hizo se extienda aún más. He perdido ya varios hijos de la Iglesia, y tengo razón para temer que puedo perder a otros en este feudo. Les pido que conserven la paz. A cualquiera que haya causado mal, déjesele pagar por ello de acuerdo al amor fraterno... Si a alguien a quien se le ordena pagar una multa carece de los medios necesarios, la Iglesia la estipulará, para que ningún hombre pierda su alma".

(Historia de los francos VII, 47)

El reino franco pudo ser cruel, duro y oscuro. Pero aun en medio de la violencia y la oscuridad seguía siendo vigente el compromiso por el Reino de Dios.

El homónimo y contemporáneo de Gregorio, el Papa Gregorio I (Magno) vertió un poco de luz sobre la vida y la cultura de finales del siglo VI. Se ha dicho que Gregorio fue el último de los padres latinos y el primer Papa medieval y que él fue un puente entre la Iglesia de Agustín y la Iglesia de la Alta Edad Media. Gregorio nació en el año 540 en una familia rica de Roma. La

Italia de la juventud de Gregorio había sido un campo de batalla: en el 533, Justiniano, emperador en Constantinopla, montó una gran campaña para reclamar Roma, Italia y África del Norte para el imperio. Pero los ostrogodos que se habían establecido en Italia desde una generación previa no iban a ceder los territorios fácilmente, y aun cuando los ejércitos de Justiniano recuperaron Roma en el año 563, treinta años de guerra devastaron a ambos ejércitos así como los campos italianos. Para colmo, las armadas imperiales pudieron disfrutar su victoria sólo por pocos años, antes de que los lombardos –una tribu germánica nueva y más fuerte– barrieran Italia y asediaran a Roma hasta tomarla, replegando a las tropas en pequeños territorios de la costa italiana.

Esta era la Italia en la que Gregorio creció, un mundo mezclado de poderes lombardos, romanos y griegos; cada uno rivalizando por dominio e influencia. Los lazos con el Este eran lazos con el pasado imperial; su cotidiana confrontación con la cultura bárbara de los lombardos evidenció una época nueva y diferente. Gregorio había sido un funcionario civil, ascendido al nivel de Prefecto de Roma, hasta que se jubiló en el año 574 e hizo de su propiedad familiar una comunidad monástica. En el 579, el Papa lo llamó del monasterio para ser embajador papal ante la corte en Constantinopla. Gregorio vivió siete años en el Este, intentando continuamente convencer al emperador para que interviniera en ayuda de su natal Italia. Gregorio regresó a Roma en el 586 y fue electo Papa en el 590.

La primera tarea de Gregorio como Papa fue asumir sus antiguos deberes en los negocios civiles de Roma. Desde su retiro, quince años antes, la administración civil de Roma se había colapsado. Gregorio reorganizó la distribución de alimento en la defensa civil contra los siempre peligrosos lombardos; reabrió el comercio entre Roma y las ciudades a lo largo del Mediterráneo; comenzó a arbitrar las disputas civiles y a juzgar los casos criminales. Quizá más importante, Gregorio negoció un tratado con los lombardos en el 592 sin el apoyo o permiso del emperador en Constantinopla y, cuando la guerra estalló de nuevo en el 593, Gregorio mismo dirigió las tropas romanas. En todas esas tareas, Gregorio estaba atendiendo simplemente las necesidades comunes, cuando ninguno parecía hacerlo.

Sin embargo, esto representó de hecho una expansión de las responsabilidades y la autoridad del oficio papal. Desde los primeros años de la Iglesia, Roma siempre había tenido primacía, en parte porque era la sede (oficialmente, el "asiento" o el "trono" del obispo) en Roma, el centro del imperio occidental, y en parte porque fue la última sede de Pedro, el jefe de los Apóstoles. Gregorio extendió las responsabilidades de su oficio como vicario de Pedro hasta incluir tareas políticas y administrativas que antes se dejaban al gobierno imperial. Aun cuando la correspondencia de Gregorio con Constantinopla, muestra su deferencia y respeto a la autoridad del emperador, de hecho, había reemplazado la autoridad imperial por la papal en los asuntos de la ciudad de Roma y de toda Italia.

Gregorio también extendió su influencia en las iglesias por toda Europa. Mantuvo contacto con obispos y gobernantes en el Reino Franco y en la España gótica. Reprendió abiertamente al obispo de Constantinopla por tomar el pretencioso título de "patriarca universal", sosteniendo que los jefes de la Iglesia debían practicar mayor humildad. Gregorio prefirió su propio título: "Siervo de los siervos de Dios", el cual es aún invocado ocasionalmente por los papas. Quizá la más significativa intervención de Gregorio en los asuntos europeos fue el nombramiento de un monje llamado Agustín para encabezar la misión a Inglaterra en el año 597. La dominante cultura anglo-sajona de Inglaterra prácticamente no había sido afectada por los cristianos, pero en un margen de uno o dos siglos, monjes ingleses como Alcuino de Cork llegarían a estar entre los más poderosos e influyentes personajes en la Iglesia Católica.

El pontificado de Gregorio marcó el punto más claro, en el cual, casi espontáneamente, la sede de Pedro comienza a llevar tanto la autoridad temporal como la espiritual en el mundo occidental. El pontificado de Gregorio constituyó la primera etapa de la centralización de la autoridad y de la influencia del oficio papal, lo cual habría de convertirse en uno de los rasgos característicos del mundo medieval.

Pero la influencia de Gregorio no se extendió simplemente al aparato burocrático del pontificado medieval. Para los hombres de la Edad Media posterior, él fue "nuestro amado Gregorio", el último de los padres latinos. Gregorio era de corazón contemplativo, y supo muy bien que para ayudar al prójimo en sus necesidades se requería que la vida contemplativa fuera integrada a la vida activa o de servicio. Fue uno de los primeros grandes defensores de esta "vida mixta" de acción y contemplación, la cual describe en su *Regla pastoral*, leída aun en la actualidad con interés de parte de pastores y de obispos. Sus *Diálogos* hablan de un mundo asombroso de milagros y de santos, especialmente de aquellos que vivían en Roma y fuera de ella, en la línea de la *Historia de los francos*. Cuenta relatos milagrosos para demostrar a sus contemporáneos que el poder y la gracia de Dios actúan eficazmente en el mundo, aun en medio de lo que parecía un tiempo malo y de sombras. El libro II de los Diálogos es de un interés particular para la historia de la Iglesia medieval, puesto que está dedicada a San Benito de Nursia, el autor y fundador del estilo de vida benedictino, al cual volveremos después. Gracias a sus logros políticos y sociales, a su teología espiritual, Gregorio Magno representa las semillas, o quizá los primeros frutos de una cultura cristiana medieval.

EL MUNDO MONÁSTICO DE OCCIDENTE: BENITO Y SUS DISCÍPULOS

Como ya hemos dicho, Gregorio dedicó el segundo libro de sus *Diálogos* a narrar la historia de San Benito de Nursia. El relato de Gregorio habla de las virtudes milagrosas de Benito, pero no se trata de una biografía como la imaginamos actualmente y no resulta muy fiable como fuente histórica. Nuestro conocimiento de la vida de Benito es bastante vago. Sabemos que nació en Italia en la generación anterior a la de Gregorio, aproximadamente hacia el año 480. Estudió en Roma y probó algunas formas de vida monástica antes de fundar una gran comunidad monástica en Monte Casino, aproximadamente a 128 kilómetro al Sur de Roma, hacia el año 529.

La tradición nos dice que Benito compuso la *Regla monástica* que lleva su nombre. A pesar de que no hay evidencia que lo apoye o lo desmienta, el fuerte vínculo entre Benito y la *Regla* es lo suficientemente fuerte como para suponerlo. Como hemos visto en los capítulos anteriores, la vida monástica nació en los desiertos de Egipto y llegó a Occidente con Juan Casiano, aproximadamente un siglo antes de que Benito escribiera la *Regla*. Esta obra de Benito adapta tradiciones de otros estilos monásticos, pero es notable por su compasión y su moderación, por evitar los extremos ascéticos de los monjes egipcios y sirios. Aun cuando Benito defiende la disciplina espiritual en la vida de un monje –esta debería ser, en su opinión, "una Cuaresma continua" (*Regla de San Benito* [RB] 49.1)–. Benito esperaba que al sentar las bases de su "escuela para el silencio del Señor" su propuesta fuese "nada áspera, nada pesada" (*RB* Prol. 46). Benito entendió profundamente el corazón humano –con sus virtudes y sus fallas– y tuvo la mejor disposición para acoger las necesidades del corazón humano mientras lo convencía del amor de Dios. Su *Regla* equilibra el ideal de obediencia personal a un guía espiritual, el abad, con una visión de fraternidad cristiana y comunitaria, de acuerdo a Hechos 4:32-33:

> En el grupo de los creyentes todos pensaban y sentían lo mismo, y nadie consideraba como propio nada de lo que poseía, sino que tenían en común todas las cosas. Por su parte, los apóstoles daban testimonio con mucha fortaleza de la resurrección de Jesús, el Señor, y todos gozaban de gran estima.

Benito animaba a los hermanos a buscar el "Practiquen, pues, los monjes este celo con la más ardiente caridad, esto es, adelántense para honrarse unos a otros; tolérense con suma paciencia sus debilidades, tanto corporales como morales; obedézcanse unos a otros a porfía" (*RB* 72.3–6). Este breve documento, el cual Benito afirma ser "Regla de iniciación!" (*RB* 73.8), es uno de los documentos más influyentes en la historia de la Iglesia.

El modelo benedictino de vida monástica era uno de los muchos modelos del siglo VI. Sin embargo, durante el transcurso de los siglos posteriores, más y más monasterios adoptaron la Regla. Esta consolidación gradual se aceleró el año 800, cuando Europa fue dominada por la familia de Carlomagno, la dinastía carolingia. Como los carolingios se esforzaron por unificar a Europa en cuanto a política y cultura, la *Regla* pudo ser un instrumento conveniente y adaptable para unificar las comunidades monásticas a lo largo y ancho del continente. Con la reforma iniciada por Benito de Aniano (+ 821) y formalizada por el emperador Luis el Piadoso, la *Regla de San Benito* llegó a ser el único modelo de vida monástica en el siglo IX. Por eso, algunos historiadores han llamado a esos años de la Edad Media, desde al año 600 hasta aproximadamente el año 1000, los siglos benedictinos.

El "renacimiento carolingio" y el ideal cristiano (800–1000)

La unificación legal fue sólo un paso que tomaron los carolingios para unificar la cultura europea y crear un nuevo imperio. La familia de Carlomagno (el nombre es simplemente una contracción de la expresión francesa "Carlos el Magno") adquirió prominencia en el Reino Franco hacia la década que comenzaba en el 670, justo cuando los recién convertidos anglosajones en Inglaterra comenzaban a enviar misioneros a las afueras del reino, en Francia y en Germania. El más grande de esos misioneros anglosajones se llamó Wynfrith, pero es mejor conocido como San Bonifacio. Bonifacio trabajó aproximadamente desde el año 700 hasta su martirio, acaecido en el año 754, entre los frisios, otra tribu germánica. Su incansable trabajo misionero llevó más tarde a la gente a llamarlo el Apóstol de los germanos. Los carolingios apoyaron la labor de esos misioneros, ya que su trabajo debía ayudar a la consolidación del gobierno carolingio en aquellos territorios fronterizos.

Pero el ímpetu más fuerte que forzó la unificación del imperio carolingio vino desde fuera de sus fronteras. Desde los desiertos de Arabia a principios del siglo VII se levantó el siroco del Islam. Los musulmanes invadieron exitosamente las tierras costeras del Mediterráneo del norte de África, abrumando la rica cultura cristiana que se había nutrido de los padres de la Iglesia, como Tertuliano y Agustín. En el 711, los musulmanes cruzaron de África del Norte a España y conquistaron el reino visigodo. Su firme progreso continuó a lo largo de los territorios españoles y en Francia hasta Poitiers. Ahí estaba Carlos Martel, el rey guerrero carolingio, el cual repelió a los invasores musulmanes y detuvo su avance por Europa. Carlos, por supuesto, fue visto como un héroe, y su victoria se convirtió en una de las míticas piedras de toque de la historia francesa. Su lugar como "salvador de Europa" le permitió extender su reino más allá del territorio que abandonaron en retirada los musulmanes.

Además, su estatus de defensor de la cristiandad afirmó la decisión del pontificado de apoyar la dinastía carolingia. Carlos, el hijo de Pepino, fue ungido como "rey de los francos" por Bonifacio de acuerdo al mandato del Papa. Si bien, él ya era rey por derecho de sucesión, el ritual de unción evocó las glorias del rey David en Israel y dio una cierta autoridad sagrada al rey. Juntos, el pontificado y la familia carolingia, estaban construyendo y extendiendo un nuevo imperio.

El nuevo imperio encontró su emperador en Carlomagno, el hijo de Pepino. Carlomagno continuó su programa de familia y mantuvo los estrechos lazos que se habían establecido con el pontificado. El día de Navidad del año 800, Carlomagno se encontraba en Roma. Mientras se arrodilló frente al Papa al final de la Misa, León III colocó una corona sobre la cabeza de Carlomagno, aparentemente sin advertirle al rey lo que estaba sucediendo. El clero romano exclamó: "¡Vida y victoria para Carlos Augusto, coronado gran emperador y pacificador de los romanos!". Tomado por sorpresa, Carlomagno se convirtió en el primer emperador romano después de más de tres siglos de no tener emperador.

Hasta cierto punto, la coronación simplemente confirmó lo que ya se había dado. Carlomagno había sometido a la mayoría de los rivales de importancia a su reino y había extendido su reino sobre gran parte de Francia, Germania e Italia, y llevó a cabo todo esto con la completa cooperación del pontificado. Coronado Carlomagno, dio a su colaboración extraoficial con la Iglesia un sentido de santidad, legitimidad y tradición: Carlomagno era el nuevo Constantino. Aun más, el siglo IX era un mundo diferente, y la visión del imperio que tenía Carlomagno era fundamentalmente diferente. El centro geográfico del imperio se había cambiado al norte de Germania y el centro cultural también era diferente. Los ayudantes de Carlomagno, especialmente Alcuino de York, habían comenzado aun antes de la coronación a hablar de Carlomagno como el rey del "Imperio cristiano" (Europa), el reino de los cristianos latinos. Lejos de un Imperio Romano renovado en Occidente, los pensadores como Alcuino preveían una renovada unificación entre la cultura cristiana y la sociedad. Nacía entonces el ideal de la cristiandad.

Hablar sobre "cristiandad" ha estado fuera de moda en años recientes. Quizá por una buena razón, ya que hemos comenzado a dudar de que el Evangelio deba integrarse verdaderamente en la política, la cultura y la sociedad; tendemos a proteger la separación ente "Iglesia" y "Estado", considerándola como la mejor solución posible. Quizá para nosotros sea difícil imaginar la ambiciosa propuesta de Alcuino, difundida con la esperanza de que fuese posible realmente una cultura y una sociedad cristianas.

Si la historia de la Iglesia es de hecho la historia de los discípulos, del intento por vivir el Evangelio en tiempos y lugares particulares, entonces el renacimiento carolingio es uno de tales intentos a gran escala. Bajo Carlomagno renació el mundo intelectual. Los monasterios benedictinos en Auxerre, Lyon y Rheims, y los que estaban a lo largo de Francia y Germania, se convirtieron en centros de enseñanza, donde los eruditos buscaban sintetizar las enseñanzas de Agustín y Jerónimo, de Ambrosio y Gregorio, en una sabiduría cristiana unificada. El Derecho Canónico y el estudio de la Escritura se convirtieron en piedras angulares de un sistema de educación cristiana. Incluso, los carolingios desarrollaron un modelo nuevo de escritura en los textos que resultaba legible, fácil de usar por todos, de manera que los letrados y políticos pudieran comunicarse con facilidad a lo largo y ancho del imperio.

El proyecto era ambicioso y, sin embargo, condenado al fracaso. En un mundo falible, era difícil imaginar una cultura y una sociedad impregnadas realmente del Evangelio de Cristo. Incluso, la unidad política establecida por Carlomagno no habría de sobrevivir a su muerte. No obstante, el renacimiento carolingio cumplió algunos objetivos y proyectos notables en el campo de la cultura y la educación. El ideal de un cristianismo unido llegó a ser parte de una visión medieval que duró hasta la Reforma del siglo XVI.

La reforma gregoriana (1050–1120): El Papa como padre para el mundo

El imperio de Carlomagno se desintegró después de su muerte, cuando sus hijos y sus nietos dividieron y subdividieron a Europa en varias monarquías. Ya divididos, los reinos se redujeron a causa de las continuas oleadas de vikingos que asaltaban las costas de Europa y Gran Bretaña hacia la mitad del siglo IX. Así moría la esperanza de la unidad política y cultural de Europa, aunque sobrevivió el ideal de la cristiandad. En el siglo XI este ideal revivió en la corte papal gracias a un grupo de monjes benedictinos radicales. Este pequeño grupo de hombres inició lo que se ha llamado la "reforma gregoriana", la cual un investigador ha equiparado a una revolución mundial.

Luego de un siglo de declive, después de Carlomagno, las ascuas del ideal monástico benedictino volvieron a encenderse con la fundación y expansión de la Abadía de Cluny en Francia, en el siglo X. Cluny y sus numerosas casas "hijas" buscaban una observancia más intensa de la Regla de San Benito. En particular, los monjes de Cluny eran conocidos por sus elaboradas liturgias y desempeñaban el papel de intercesores para los reyes cristianos que los apoyaban. Su vitalidad y su celo inundaban e inspiraban al mundo laico. El siglo XI fue testigo de reyes cristianos comprometidos como San Eduardo, el confesor de Enrique III de Germania, que fue llamado el monje emperador. A lo largo de toda Europa los monjes se comprometían mediante voto expreso a la guerra justa o a la paz, y a rehusar el combate durante los días santos como parte de un movimiento designado como la paz de Dios, que se extendió a lo largo del continente en la década de 1050. El rumor del cambio y de reforma circuló por todo el mundo cristiano, esperando que alguien lo hiciera realidad. La tarea recayó en un pequeño grupo de monjes entusiastas en la corte pontificia.

El primer Papa reformador en este período fue León IX (1049–1054). León se comprometió a reformar el clero en la Iglesia, puesto que los pecados de simonía y concubinato estaban bastante extendidos. La *simonía*, llamada así por Simón el Mago, el notorio pseudo-apóstol del libro de Hechos, designa a la práctica de comprar o vender los oficios de la Iglesia –una especie de soborno o mordida a nivel clerical. Una *concubina* es una compañía sexual fuera del matrimonio. Para León, esas prácticas llevaban a un sinnúmero de abusos clericales, por eso intentó ponerle un alto. León IX, como Juan Pablo II, y otros Papas reformadores, viajaron incesantemente por los reinos cristianos, convirtiéndose en un signo visible de autoridad espiritual en los diversos reinos que visitó.

De acuerdo a un relato que poseemos, León llegó a ser muy convincente en esos viajes. Con ocasión del Sínodo de Rheims en el año 1049, León estaba presidiendo una procesión que trasladaba las reliquias de San Remigio a un nuevo sitio. De pronto, el Papa detuvo la procesión a mitad del camino fuera de todo plan y colocó las reliquias en el altar. Volviéndose hacia los azorados obispos y clérigos, a quienes exhibía las reliquias, e invocando a San Remigio como testigo, el Papa pidió a cada obispo y abad que declarasen si ellos habían pagado alguna suma por su oficio ministerial. Un murmullo recorrió la muchedumbre y algunos de los presentes solicitaron un encuentro privado con el Papa, lejos de los ojos curiosos del escrutinio público. Algunos obispos se arrepintieron, otros pocos hicieron declaración pública y uno desapareció, aparentemente temeroso por haber admitido su pecado. Al final de aquella sesión improvisada, León recogió las reliquias de San Remigio y las llevó sobre sus hombros hasta su urna. Con semejantes llamados cargados de drama y espiritualidad, León IX hizo del pontificado un medio contundente de exhortación a la moral y al liderazgo espiritual en la Iglesia occidental.

En sus viajes por Europa, León había ido reuniendo un pequeño grupo de monjes dispuestos a emprender una reforma. Entre ellos estaban Hildebrando, Humberto y Pedro Damián, las tres figuras clave de lo que llegó a conocerse como la reforma gregoriana. Con un profundo odio a la simonía, estos tres personajes exhortaban al clero a la "pobreza espiritual" y a volver a la "vida santa y sencilla de la primera Iglesia". Esta exhortación era, ante todo, un llamado para que la Iglesia se liberara de la torcida red de política y economía medievales. La simonía permitía a nobles ricos "adquirir" un arzobispado, comprando el oficio para alguno de sus parientes. Los sacerdotes tenían hijos frecuentemente con sus concubinas, y por la ley medieval estos niños tenían ciertos derechos de herencia. Por esta razón fue desligado el clero de la política del matrimonio y de la herencia. También por esta razón se enfatizó y reforzó la autoridad religiosa del celibato sacerdotal. Como los monjes de Cluny un siglo antes, estos monjes "gregorianos" intentaron separar los objetivos espirituales (de la Iglesia) de cualquier compromiso con algún miembro de la nobleza.

El Cardenal Humberto, Arzobispo de Silva Candida, fue el reformador más radical e incisivo. Fue más lejos que los demás al señalar, al igual que los donatistas, que los sacramentos celebrados por un obispo que había obtenido su posición mediante simonía, eran inválidos. Humberto fue también delegado papal en Constantinopla en el pontificado de León IX, y fue responsable de la primera ruptura formal entre las Iglesias "ortodoxa" de Oriente y la "católica" de Occidente. Como reformador radical, Humberto fue quizá la peor persona que pudo ser enviada al

Este, donde el emperador aún actuaba como cabeza de la Iglesia. Como reacción a la estrecha alianza del clero y los políticos imperiales, Humberto excomulgó al patriarca de Constantinopla, que, a su vez, excomulgó a Humberto. Según fuentes históricas, Humberto era una persona difícil y apasionada, y el gran cisma que él comenzó en 1054 es uno de los más oscuros legados del movimiento de la reforma.

Otros reformadores, como Pedro Damián, eran más moderados, pero también animaron al laicado a rechazar a los sacerdotes "simoníacos". La "pobreza espiritual", para los gregorianos, implicaba una reforma legal y espiritual. Espiritualmente se trataba de un llamado a la pureza moral y al arrepentimiento. Legalmente, era un intento sistemático por separar la Iglesia del control laical. Cuando el movimiento iba en progreso, la dimensión legal de la reforma llegó a ser más y más notoria, y la dimensión espiritual no se perdió. El movimiento llegó a su punto culminante cuando el monje Hildebrando fue electo Papa y tomó el nombre de Gregorio VII, del cual proviene el término "reforma gregoriana". El empuje de la reforma de Gregorio se originó en el problema técnico y legal de la "investidura laical".

Era costumbre que el rey o emperador, un laico, tenía el derecho de "investir" a un obispo recién designado en su reinado con el anillo y el báculo que constituían los símbolos de su oficio. No obstante, el rey podía rechazarlo, en virtud de un "veto" sobre las designaciones de la Iglesia; se trataba del derecho que un rey ejercía cuando los obispos se convertían en figuras políticas poderosas en su reinado. Sin embargo, para Gregorio VII, la investidura laical implicaba que la autoridad sacerdotal estaba subordinada a la autoridad real, y rechazó esta implicación. Para Gregorio, el poder espiritual de la Iglesia era superior al poder temporal del rey y, en efecto, tan "pleno" era el poder del Papa, como cabeza de la Iglesia, que podía destituir al emperador. Esto condujo a un prolongado conflicto con Enrique IV, el "santo emperador romano" (heredero de Carlomagno) y rey de las tierras sajonas en Germania del Este. El conflicto llegó a su punto más crítico en el famoso espectáculo de Enrique en Canossa, descalzo en la nieve, en enero de 1077, para mostrar su arrepentimiento y buscar la reconciliación con la Iglesia. Sin embargo, la controversia no terminó ahí. Gregorio terminó su pontificado y murió exiliado, perseguido por las tropas de Enrique. Después de Gregorio, el movimiento de la reforma tomó un giro distinto. Su sucesor, Urbano II, consolidó y dinamizó el gobierno papal y, quizá más importante, convocó la primera cruzada en 1095. Como el gran cisma, las cruzadas han llegado a ser un oscuro legado de la reforma gregoriana, pero es importante ver las cruzadas en su contexto. La corte papal de Gregorio VII se vio implicada en asuntos políticos de Europa y, a pesar de no buscarlo, la corte papal se convirtió en otro poder contendiente entre otros poderes, rivalizando por aliados e influencia. En lugar de separar a la Iglesia de los asuntos políticos, Gregorio se vio presa de la red política. Al llamar a la cruzada para recuperar la Tierra Santa, Urbano invocó la autoridad espiritual para llamar a las cabezas de Estado a actuar como líderes de una cristiandad unida, intentando, también, unir a Europa en una tarea común bajo la autoridad espiritual del pontificado. En el Concilio de Clermont, Urbano II se puso de pie ante la asamblea de obispos de Francia y Germania y lamentó la pérdida de Jerusalén, así como la disolución del imperio cristiano griego bajo el asalto de los musulmanes invasores. Llamó a los "francos", tanto franceses como germanos, a unirse y vengar esos ataques al cristianismo:

> Permítase a aquellos que antes habían estado acostumbrados a entablar combate perverso en privado contra el fiel, pelear contra el infiel, y lograr un victorioso fin a la guerra que ya debió haberse iniciado. Permítase a aquellos que hasta aquí habían sido ladrones, convertirse ahora en soldados. Permítase a aquellos que antes habían luchado contra sus hermanos y parientes, pelear ahora contra los bárbaros cuando deban hacerlo. Permítase a aquellos que anteriormente han sido mercenarios por salarios bajos, obtener ahora una recompensa eterna. Permítase a aquellos que se

han extenuado en detrimento de su cuerpo y alma, esforzarse ahora por una doble recompensa.

(Urbano II, *Sermón al Concilio de Clermont, 1095*).

El sermón de Urbano ofrecía a los guerreros francos de la nobleza una causa noble y virtuosa, no en beneficio de su propio bienestar político o material, sino en beneficio de toda la cristiandad. El llamado a la cruzada era una especie de exhortación a la conversión, a una verdadera misión de la sociedad cristiana. La primera cruzada es un movimiento gregoriano medular de la sociedad y de la Iglesia medieval y, como uno de los historiadores lo ha señalado, expresa verdaderamente "lo más alto y lo más bajo de la sociedad medieval".

Como cualquier gran movimiento o "revolución mundial" en la historia, la reforma gregoriana dejó un legado claroscuro al mundo medieval. La visión gregoriana había buscado espiritualizar y purificar la Iglesia. Para los gregorianos, solamente esta Iglesia fortalecida espiritualmente estaba equipada para disponer al resto de la sociedad a constituir una *Christianitas*, una verdadera cristiandad. Los gregorianos eran monjes, y su modelo de reforma era monástico, con especial atención al orden y a la obediencia. En efecto, la reforma gregoriana era un intento de convertir el mundo en un monasterio, y esto requería obediencia a la autoridad espiritual de un padre, el Papa.

Decir que la reforma gregoriana tuvo éxito o no, depende de la perspectiva personal. Por una parte, las reformas específicas de Gregorio VII terminaron en compromisos que nunca pudieron satisfacer al apasionado Papa. Con respecto a sus objetivos más amplios de "espiritualizar" la sociedad, la reforma debe considerarse al menos parcialmente exitosa. El celo de los reformadores se transfirió a la sociedad y se difundieron en todo el siglo XII, tanto vigorosos movimientos de reforma, como herejías populares. Lamentablemente (y quizá inevitablemente), estos movimientos de reforma encontraron frecuentemente una jerarquía pobremente capacitada para manejar su celo. Pero la reforma gregoriana queda en la raíz de lo que se ha llamado el renacimiento del siglo XII.

La Alta Edad Media (1100–1300): el florecimiento de la vida religiosa y el nacimiento del escolasticismo

La reforma gregoriana trajo vientos de cambio en la sociedad medieval al fin del siglo XVI. El espíritu de reforma se esparció por toda Europa e inspiró formas nuevas y experimentales de observancia religiosa. Esto también encendió las chispas del aprendizaje en algunas de las escuelas tradicionales monásticas y en escuelas vinculadas a las catedrales. En la perspectiva del ideal gregoriano, la parte final del siglo XI y los siglos XII y XIII atestiguaron la fundación de los cistercienses, los cartujos, los canónigos agustinos, los franciscanos, los dominicos y un sinnúmero de órdenes religiosas más pequeñas. Todas ellas trajeron vida nueva y aire fresco a la vida religiosa y al liderazgo de la Iglesia. Además, el siglo XII fue testigo de un increíble crecimiento intelectual, de acuerdo a un riguroso método académico llamado "escolástico", representado por intelectuales como Anselmo de Canterbury, Tomás de Aquino y por las teologías monásticas (adelantadas a su época) de Bernardo de Claraval e Hildegarda de Bingen. El siglo XII fue quizá la era cultural más fértil entre el Imperio Romano y el famoso renacimiento de Da Vinci y Miguel Ángel.

Gregorio VII y sus amigos hicieron un llamado al clero a volver a la "vida santa y sencilla de la primera Iglesia", y en cierto sentido, el florecimiento de la vida religiosa en el siglo XII representa muchos intentos por responder al llamado de retorno o vuelta designada por los pensadores religiosos medievales como *vita apostolica*, la "vida apostólica". Para los cartujos (cuyo nombre proviene de una raíz latina que designa a su primer monasterio en Cister o Citeaux en Francia) la respuesta a este llamado consistía en volver al antiguo rigor ascético de la *Regla de Benito*. Los cartujos creyeron que la vida benedictina había llegado a ser demasiado laxa y mundana. Los monjes de Cluny habían acumulado grandes riquezas y ocupaban gran parte de su jornada en liturgias espléndidas muy elaboradas. Los cartujos abogaron por un retorno a la simplicidad de la

Regla de Benito, observada literalmente, sin adaptación. Vestían hábitos para simbolizar su compromiso con la pureza de la vida monástica. El riguroso orden de los monjes creció rápidamente a principios del siglo XII, inicialmente en casas para varones únicamente, aunque más tarde se añadieron casas religiosas para mujeres. De los cartujos surgieron algunos de los más grandes teólogos monásticos del siglo XII, sobre todo San Bernardo de Claraval, el "Doctor místico". Los cartujos fueron precursores espirituales de los trapenses, más conocidos actualmente como la orden de Thomas Merton y Thomas Keating.

Los canónigos agustinos fueron por su inspiración aún más temprano en la tradición, antes de San Benito, hasta llegar a San Agustín y a los apóstoles mismos, por su modelo de vida religiosa. A diferencia de los cartujos, los canónigos agustinos decidieron no huir del mundo, sino servirlo directamente. Los primeros agustinianos revivieron un cierto sentido de misión apostólica, de evangelización y servicio a la sociedad, en su visión de la *vita apostolica*. Usualmente habitaban a las afueras de los pueblos y ciudades en pequeñas y modestas comunidades, ofreciendo al pequeño propietario o pueblerino los mismos servicios de intercesión, asistencia y funerales que los benedictinos habían ofrecido a la alta nobleza durante siglos. Quizá su líder más conocido durante sus primeros años de existencia fue Norberto de Xante, un predicador popular y dinámico. Su casa religiosa en Premontre dio nombre a su pequeño grupo de canónigos agustinos, los premonstratenses. En el siglo XX, estos son conocidos frecuentemente por el nombre de su fundador, los norbertinos.

Quizá el legado más significativo de esta renovación de la vida religiosa en el siglo XII fue el nuevo movimiento de frailes mendicantes, los dominicos y los franciscanos. Adoptando y extendiendo la idea de los agustinos respecto a la misión apostólica de los discípulos, dominicos y franciscanos vivían en ciudades y pueblos. Sin embargo, llevaron una vida de mendigos o pordioseros, adoptando una pobreza total, sin poseer nada. Santo Domingo fundó su "orden de predicadores" (de aquí la sigla "O.P." después del nombre de un dominico) para prevenir al laicado contra la herejía. La pobreza para un dominico era un medio para lograr un fin: conservar a sus frailes (o "hermanos") libres y dispuestos para moverse a donde se les necesitase sin estar ligados a un lugar en particular. Para Francisco, por otra parte, la pobreza era casi un fin en sí mismo, la perfección de la vida del Evangelio. Para Francisco, Cristo y los discípulos habían sido pobres itinerantes sin "tener un lugar dónde reclinar la cabeza". Él y sus hermanos intentaron imitar esta vida literalmente, "sin glosa" (ver el *Testamento* de Francisco). Juntos, los franciscanos y los dominicos se convirtieron en luminarias de la Iglesia en el siglo XIII. Cada una de estas órdenes produjo su propio gigante escolástico –San Buenaventura por parte de los franciscanos y Santo Tomás de Aquino por parte de los dominicos.

El crecimiento de estas reconocidas órdenes religiosas estuvo acompañado por un movimiento informal de mujeres en Europa llamadas *beguinae* (latín) o *beguinas*. Se trataba de mujeres laicas que no tomaban formalmente votos perpetuos, no observaban una regla formal y no buscaban reconocimiento por parte de Roma, pero que vivían en casas comunitarias centradas en una vida de oración y trabajo en el mundo. Como se puede uno imaginar, estos movimientos aparentemente espontáneos entre mujeres laicas devotas levantaron sospechas en la jerarquía clerical y, de hecho, algunas beguinas fueron quemadas acusadas de herejía. Estas comunidades de mujeres, empero, también produjeron un rico legado espiritual expresado en una teología laica o "vernácula" (dado que pocas de estas mujeres escribían en latín) que podemos ver en los escritos de Eduviges y Matilde de Magdeburgo y que apenas empiezan a conocerse.

Todos estos brillantes proyectos de vida religiosa se tradujeron igualmente en movimientos teológicos notables. San Anselmo de Canterbury es conocido como el "Padre de la escolástica" por la forma en que integró el rigor del análisis filosófico a una lectura profunda de la teología de los Padres de la Iglesia.

El "método escolástico" era un proceso organizado de reflexión sobre asuntos teológicos. Su primer paso era la *lectio*, o lectura cuidadosa, usualmente de las Escrituras, con especial atención a los detalles de gramática y significado de las palabras. Este paso era seguido por la *quaestio* o "cuestión", esta era una pregunta sobre problemas específicos que surgían de la lectura y requerían un lenguaje filosófico y teológico. Después seguía la *disputatio*, es decir, una conversación crítica con compañeros de estudio sobre el argumento puesto en cuestión. Luego, el proceso culminaba en la *summa*, el sumario, resumen o síntesis de los resultados del proceso en un orden coherente y racional. Pero, el último paso era siempre la *praedicatio*; la predicación y enseñanza con claridad y precisión. Así, a pesar de sus detallados y oscuros giros lingüísticos, el escolasticismo siempre tuvo un fin práctico en mente. Muchos maestros emplearon este método, pero los dos más famosos en la tradición católica son Santo Tomás de Aquino y San Buenaventura, el dominico y el franciscano, dejaron en claro que los dos ejes, el intelectual y el religioso, fueron sintetizados e integrados en el siglo XIII.

A los siglos XII y XIII se les conoce y celebra en los círculos católicos como el ápice de la cultura y civilización cristianas. Un autor católico, incluso, se atrevió a llamar a su estudio de este período *El XIII: el más grande de los siglos*. Semejante alabanza puede ser considerada una exageración entusiasta, pero es innegable que éste se encuentra entre los períodos más creativos e inspirados de los siglos que hemos analizado. Si la "cristiandad" nunca llegó a ser una realidad política o social en Europa, este período muestra quizá hasta dónde llegó a convertirse la Europa occidental en una síntesis multinacional de cultura y cristianismo.

Para reflexionar

1. ¿Qué significa para ti el término "medieval"? ¿Algo viejo y polvoriento? ¿Pueblos bárbaros, primitivos? ¿Magos y dragones? ¿El mundo de la Iglesia medieval es como el nuestro? ¿En qué aspectos?

2. ¿Qué se entiende actualmente por vida apostólica? ¿Conoces algunos grupos de personas que den testimonio firme y claro de "vida apostólica"?

Capítulo 4

La fe dividida

La síntesis medieval no fue muy duradera. La idea de reforma que condujo a la síntesis fue definitivamente la causa de su propia ruina. El papado de la Alta y la Baja Edad Media fue muy influenciado por los gregorianos, especialmente en dos sentidos. Primero, el papado continuó desarrollando sus instituciones, leyes y burocracia, centralizando la autoridad de la Iglesia cada vez más en Roma. Segundo, el conflicto comenzó con Gregorio VII, entre el papa y el emperador de los germanos a principios del siglo XII, hasta que se logró un acuerdo en 1122, al cual rápidamente siguieron conflictos como los que hubo entre Roma y los reyes de Francia e Inglaterra.

La autoridad papal en crisis: los papas de Aviñón y el gran cisma papal

El deseo que tenían los gregorianos de espiritualizar la autoridad de la Iglesia y desligarse de las facciones políticas de la monarquía medieval, se frustró una y otra vez debido a la misma debilidad de Gregorio. Los papas de los siglos XII y XIII siguieron involucrados en las batallas políticas de Europa. Inocencio III fue quizá el más eficaz de estos papas, y su éxito se debió, en parte, a su sentido gregoriano de autoridad. Inocencio no exigió autoridad explícita sobre la legitimidad política de los reyes. Más bien, actuó como el jefe espiritual de todos los cristianos, incluyendo a los monarcas. El reclamo de autoridad de Inocencio era pastoral, no político, aun cuando sus acciones tuvieron consecuencias políticas.

El más ineficaz de los papas medievales, por otra parte, falló al hacer esa distinción. Bonifacio VIII, según fuentes históricas, fue una persona imprudente y agresiva que exigió con mayor insistencia el reconocimiento de su autoridad que sus predecesores. Su "bula" papal o decreto pontificio de 1302 titulado *Unam sanctam* declaró descarada y tajantemente que el poder espiritual del pontificado tenía jurisdicción sobre el poder temporal de los reyes. Bonifacio emitió esta bula en medio de una controversia con el rey de Francia, aparentemente pensaba que semejante declaración directa del Vicario de Cristo debería silenciar a la oposición. Sin embargo, esto no dio resultado; el rey francés respondió enviando sus tropas para capturar y apresar al Papa en 1303. Aun cuando Bonifacio pronto fue liberado, la tensión del encarcelamiento fue demasiada, y murió tres días después.

La victoria francesa sobre el papado rompió el balance de poder en la Iglesia. En el año 1305, un obispo de habla francesa fue electo papa. En lugar de trasladarse a Roma, el nuevo papa pidió al colegio cardenalicio que lo encontraran en Lyon y allí, en la campiña francesa, tuvo lugar la instalación. El papa y los cardenales establecieron su residencia en las cercanías de Aviñón. Este pequeño pueblo en las fronteras de Francia siguió siendo el hogar de los pontífices durante los siguientes setenta años. Posteriormente, algunos historiadores llamaron a esta situación el cautiverio de Babilonia, evocando el relato del Antiguo Testamento acerca de los líderes sometidos de Israel que fueron obligados a vivir en Babilonia. De hecho, el pontificado de Aviñón continuó desempeñando un papel importante (normalmente cordial a Francia, por supuesto) en los asuntos de Europa. La Iglesia Católica romana, en cierto sentido, había dejado de estar en Roma.

Para muchos católicos, la ausencia del Papa en Roma fue un escándalo. Roma, después de todo, era la sede de Pedro, y los sucesores de Pedro debían residir ahí. Dos de las voces más abiertas y convincentes a favor del retorno del papa eran Santa Catalina de Siena, la dinámica joven dominica, y Santa Brígida de Suecia. Ambas mujeres visionarias habían viajado por toda Europa predicando y reuniendo numerosos simpatizantes. Gracias a sus cartas y exhortaciones lograron convencer al Papa Gregorio XI para que regresara a Roma.

Lamentablemente, la solución a un problema fue el inicio de otro. Al regresar Gregorio encontró a la gente de Roma profundamente resentida con la gente de habla francesa como él y, de vez en cuando, se dieron brotes de violencia en las calles de Roma. Cuando Gregorio murió al año de su regreso, la elección que siguió a su muerte fue realizada sólo por dieciséis cardenales.

Once de los cuales eran franceses, cuatro italianos y uno español. Desde el cónclave, los cardenales contemplaron el caos en la ciudad de Roma. La gente se amotinó fuera del cónclave al difundirse el rumor de que de ahí saldría otro papa francés que regresaría a Aviñón. Así, a pesar del fuerte contingente francés, los cardenales, quizá por temor, eligieron a un italiano como papa: Urbano VI. Escapando discretamente por temor a perder la vida, los doce cardenales no-italianos se retiraron a Anagni, un pueblo en Italia, lejos del alcance de las turbas romanas, y declararon inválida la elección de Urbano algunos meses después. El argumento presentado para tal negación fue la supuesta coacción durante la elección papal. Cuando les preguntaron por qué no se dijo nada en los meses subsiguientes al cónclave uno de los cardenales señaló que "si el papa o los romanos se hubiesen dado cuenta de que yo u otro miembro del sacro colegio teníamos dudas sobre su elección, ninguno de nosotros hubiese escapado". Entonces, los cardenales efectuaron otro cónclave y eligieron a otro papa, Clemente VII, el cual regresó pronto a Aviñón. Con dos papas, uno en Roma, el otro en Aviñón, había comenzado el Cisma de Occidente.

¿Cuál de los dos era el verdadero papa? La Iglesia de ese tiempo no conocía la respuesta inmediata. Los poderes políticos se alinearon rápidamente con aquel papa que mejor respondía a sus necesidades: Inglaterra y gran parte del Imperio Germano –los mayores rivales de Francia– se declararon a favor de Urbano en Roma; Francia, Escocia (que peleaba por su independencia de Inglaterra) y el rey de España, prefirieron a Clemente en Aviñón. Ni algunos de las más destacados cristianos de ese tiempo llegaban a un acuerdo, Catalina de Siena favorecía a Roma; Vicente Ferrer a Aviñón. A partir de la evidencia histórica, es casi imposible decidir quién era realmente el sucesor de Pedro. En ambos casos había indudablemente sucesión apostólica. Una cosa era cierta: había muerto *la unidad del cristianismo de Occidente*.

El cisma fracturó la estructura del gobierno papal que había sido construida desde Gregorio VII. El papa romano no tenía infraestructura burocrática, puesto que la mayoría de los cardenales se habían trasladado a Aviñón, por tanto, se vio forzado a depender del dinero rápido que provenía de la venta de indulgencias, oficios y tierras. En Aviñón, la burocracia prosperaba y trabajaba bien, pero el número de territorios gravables con impuestos se había reducido a menos de la mitad. La curia en Aviñón duplicó la cuota de impuestos a sus seguidores leales. Con ello socavó los cimientos de su apoyo. Cada lado intentó sobreponerse al otro mediante el recurso de la fuerza de las armas, pero ninguno logró progresar en este sentido. Lejos de la visión gregoriana, el papado (¿los papados?) se convirtió en una carta que podía jugarse en el juego europeo de rivalidades monárquicas y facciones políticas.

Cuando la Iglesia afrontó crisis y división en el pasado, los Concilios generales intentaban resolverlos. Así sucedió con la controversia arriana en los días de Atanasio. Tomando en cuenta este hecho, algunos personajes prominentes en la Iglesia intentaron celebrar un Concilio que tuviese la autoridad sobre los papas. Pero la noción de la autoridad papal se había desarrollado desde Nicea y era controvertida la noción de un Concilio (asamblea de obispos) que pudiese gobernar al papa. Cuando estos pastores de la Iglesia, llamados *conciliaristas*, se congregaron para un Concilio en Pisa, en 1408, sólo lograron dividir más a la Iglesia. Los obispos reunidos en Pisa destituyeron a ambos papas y eligieron a otro, intentando terminar con la crisis. Pero, tanto Aviñón como Roma exigieron que fuese ignorado el decreto del Concilio de Pisa, el cual dejó a *tres* Papas en la contienda por la lealtad de los fieles y a un grupo de conciliaristas reclamando autoridad sobre ellos. Esta creciente anarquía terminó en el Concilio de Constanza en 1414. Los padres conciliares, en Constanza, discutieron primero la justificación canónica del conciliarismo, evitando cuidadosamente una acción inmediata en contra de los papas contendientes. Postergando la confrontación, el Concilio pudo concentrarse en cada papa, y sutilmente presionó para que los tres, eventualmente, renunciaran o fuesen depuestos. Sólo entonces habría un papa. El gran Cisma de Occidente llegaba a su fin.

¿Restauración o reforma? La indulgencia papal y la piedad laical

Con la esperanza de prevenir otro cisma en el futuro, los padres del Concilio en Constanza emitieron un decreto llamado *Frequens*, con el cual fijaban la frecuencia en la celebración de los Concilios generales: 1423, 1430 y cada diez años en lo sucesivo. El documento declaraba que si un papa se negaba a convocar el Concilio, éste se debía llevar a cabo aun sin citatorio. Si otro cisma surgía, debía celebrarse un Concilio en el año en curso, incluso sin ningún citatorio o convocatoria oficial. En cierto sentido, la cautela era notoria: si se percibía el peligro de cisma, los padres conciliares debían preservar la unidad de la Iglesia y la integridad del oficio papal. Estos cambios eran, efectivamente, revolucionarios. Por primera vez la Iglesia había desarrollado medidas canónicas preventivas para regular la autoridad pontificia, lo cual parecía cuestionar la "absoluta autoridad" que los papas habían exigido durante siglos.

La tradición del papado echó raíces profundas en la psique cristiana occidental. En pocos años, cuando la memoria del cisma se hizo lejana y los papas permanecieron en el poder sin división o controversia, la mayoría de los que sostuvieron la posición conciliarista se movieron cada vez más a favor de la autoridad del papa. De este modo iban quedando cada vez menos conciliaristas radicales de Constanza. Hacia 1460, el conciliarismo se había extinguido y el papa había restablecido su autoridad sobre las iglesias cristianas. Si en lo sucesivo habría reformas sustantivas de las instituciones eclesiales, estas reformas habrían de darse por iniciativa del pontificado. Lamentablemente, era justo en este punto en el cual el pontificado parecía menos preparado: asumir la responsabilidad de una reforma.

Después de una larga ausencia en Roma, sucesivos papas en el siglo XV se dispusieron a restaurar el esplendor del pontificado en la sede de Pedro. Los así llamados papas del Renacimiento fueron conocidos por su despilfarro y mundanismo (aun en el plano de las indulgencias). Como lo atestigua la historia, el Papa León X después de su coronación pronunció con satisfacción: "¡Dios nos ha dado el pontificado; ahora vamos a disfrutarlo!". Inocencio VIII sin ningún pudor o titubeo, orgullosa y públicamente celebró los matrimonios de sus hijas ilegítimas con opulentos banquetes en los recintos del palacio vaticano. El pontificado de esos años se centró intensamente sobre su dominio local sobre Roma y en la seguridad de los Estados pontificios, así tuvo poco tiempo el papa para atender o emprender una reforma que tuviese eco en toda la Iglesia Católica.

Sin embargo, a lo largo de los siglos XV y XVI se dieron reformas importantes en la vida espiritual de los religiosos y del laicado. Como hemos visto en capítulos anteriores, la reforma en la espiritualidad se expresó frecuentemente en nuevas formas de vida religiosa, inspirada por un carisma o idea particular. Para los cartujos, se trataba de un riguroso regreso a la austeridad de la *Regla de San Benito*; para los franciscanos fue la vida de pobreza. Las nuevas formas de la vida espiritual que comenzaron en los siglos XII y XIII habían traído una espiritualidad bastante accesible a la vida de los laicos. Los canónigos agustinos vivían en sus propias casas y oraban juntos, pero estaban en y alrededor del pueblo, a diferencia del tradicional aislamiento. Los franciscanos hicieron la vida espiritual más visible, puesto que dependían del pueblo laico para alimentarse y para el alojamiento. Francisco, incluso, fundó una "orden laica" de franciscanos, la así llamada Tercera Orden, para adecuar los principios franciscanos a la vida de aquellos que querían mantener su trabajo y su familia. Finalmente, las "beguinae" o beguinas (mendicantes aunque no literalmente) del siglo XIII eran mujeres laicas que trabajaban en el mundo y que habían elegido vivir en comunidad con otras mujeres. La efervescencia de la vida y espiritualidad laical continuó en los siglos XV y XVI.

Es indudable que el laicado tuvo una espiritualidad propia desde el principio. El pueblo laico en general acudía a la liturgia, apoyaba los monasterios, recibía los sacramentos y otras prácticas comunes. Si consideramos que la espiritualidad es la expresión vivida de la fe, entonces todo miembro de la Iglesia tiene alguna forma de espiritualidad, ya sea explícita o implícita. La diferencia que vemos en la Baja Edad Media es que la espiritualidad del laicado se había hecho más explícita, más auto-consciente y, quizá, más innovadora, más crítica de las prácticas religiosas tradicionales que antes.

Posiblemente el más conocido de estos movimientos de piedad laica en la Baja Edad Media fue la Devoción Moderna, *Devotio moderna*, que se extendió por los Países bajos hacia el siglo XV. Fundada por Geer Groote hacia la mitad del siglo XIV, la Devoción Moderna intentó ofrecer la intensidad de la observancia religiosa a hombres y mujeres que no habían tomado formalmente votos religiosos perpetuos. En este sentido, el ideal del devocionario era similar al de las beguinas años antes. La fraternidad fundada por Groote observaba una vida común casi monástica; una combinación de intensa oración individual y vida comunitaria compartida. Un sacerdote asociado al movimiento, Tomás de Kempis, compuso uno de los clásicos más populares que se han escrito, la *Imitación de Cristo*. La *Imitación* plasma un cuadro vivo de lo que podemos llamar la ética medieval de santidad. Se trataba de la firme convicción de que para presentarnos ante el Dios Santo debemos ser santos. Vivir en el mundo era considerado un proceso de purificación mediante la penitencia y la oración. Tomás combinó esta ética de santidad tradicional con una atención renovada en lo individual. Un estudioso afirmó acertadamente que Tomás muestra que "el individualismo de la época toma su forma apropiada en la espiritualidad católica" (Evennett, p. 36).

Otra dimensión de la reforma "en los miembros" de la Iglesia fue la que normalmente se conoce como el humanismo cristiano. La Baja Edad Media fue testigo del redescubrimiento del griego y del latín clásicos –lo que nosotros usualmente conocemos como el Renacimiento– con el cual también se dio una renovada pasión por las fuentes antiguas de la tradición cristiana. Intelectuales como Erasmo de Róterdam y Santo Tomás Moro se interesaron profundamente por el estudio de los autores clásicos, las Escrituras y los Padres de la Iglesia, ofreciendo con ello un inmenso conocimiento de los idiomas y literatura en torno a las fuentes de la doctrina cristiana. Pero el humanismo cristiano no fue sólo un movimiento académico. El regreso a las fuentes hizo eco en el círculo intelectual de los reformadores al proponer un retorno a la simplicidad de la primera Iglesia. Esto representaba una piedad genuina de acuerdo a los escritos de Erasmo. Erasmo abogó por una vida cristiana reducida a sus elementos básicos: Haz el bien, evita el mal, esfuérzate por alcanzar la humildad. Su *Enchiridion* o "manual" para el laicado se centró en el conocimiento y en la oración, vistos ambos como las "armas" que el cristiano podría usar para defenderse a sí mismo contra el vicio. Los humanistas combinaron gran elocuencia y conocimientos, lo cual dio pie a nuevas corrientes reformadoras en los siglos XV y XVI.

Numerosas órdenes e instituciones religiosas fueron fundados o renovados en esos años. La Cofradía del Amor Divino fue una confraternidad laica fundada en 1497 en Génova, Italia, dedicada a las obras corporales y espirituales de misericordia bajo la inspiración de Santa Catalina de Génova. Esta organización laical produjo una orden clerical, los teatinos, que compartían el carisma de la cofradía para el servicio. En 1516, un joven veneciano laico y entusiasta, Gasparo Contarini, escribió el tratado *Sobre el oficio del obispo*, el cual describía cómo debía actuar un obispo, en la función de sucesor de los Apóstoles. El giro es interesante: el modelo normal del proceso reformador del laicado estaba a cargo del clero, pero en este caso, se invierten las funciones, puesto que es el laico quien lanza un llamado a los obispos. La reforma ya estaba en pie en los primeros años del siglo XVI (aun antes de la ruptura con Martín Lutero) y tanto el laicado como el clero participaban de diferentes formas en ella.

Estos múltiples movimientos de reforma compartían varias cualidades que podemos llamar *la plataforma de la reforma católica* en el siglo XVI. Todos compartían una preocupación por el laicado. O eran movimientos laicos y reformas encabezadas por el clero que mostraron un renovado interés por la misión del sacerdote y sus responsabilidades hacia el *laicado*. Bajo la influencia de los humanistas, la mayoría de esos movimientos de reforma promovieron la *alfabetización* y la *educación* como elementos de sus objetivos. Por primera vez, obispos y directores de órdenes religiosas comenzaron a exigir que sus clérigos o postulantes supieran leer y escribir, dado que sólo aquellos que podrían leer recibían propiamente la preparación para sus deberes pastorales. También, bajo la influencia humanista, la reforma católica enfatizó la importancia de la *Escritura* y de la *predicación* convincente y eficaz como elementos esenciales en su programa. Finalmente, muchos compartieron la idea de que la devoción a la Eucaristía era fundamental para la reforma de la Iglesia, reflejando que la reforma del Cuerpo de Cristo en la cabeza y en los miembros requería una conexión más íntima con el Cuerpo de Cristo en la Eucaristía. A los miembros de la Cofradía del Amor Divino, por ejemplo, se les pedía "ver el Cuerpo del Señor diariamente" (*Oratorio*, Capítulo X, según aparece en Olin, *Catholic Reformation*, p. 23). Todos estos elementos se combinaron para formar un fuerte programa de reforma católica que fue presentado persistentemente a Roma a principios del siglo XVI. Pero el efecto sobre la curia romana, por desgracia, fue insignificante. Se requería algo más significativo aun para llamar su atención.

La ruptura de Lutero

Martín Lutero nació en 1483 y se convirtió en canónigo agustino en 1505. Durante su juventud fue un monje muy devoto y entusiasta, obsesionado con su propia fragilidad hacia el pecado. "En el monasterio", diría más tarde, "yo no pensaba en mujeres, dinero o posesiones. En cambio, mi corazón se estremecía e inquietaba por saber si acaso Dios me concedería su gracia". A pesar de sus escrúpulos personales, Lutero era un monje eficiente y después de diez años en el monasterio fue electo vicario regional, lo cual significaba hacerse cargo de diez monasterios. Como vicario, Lutero fue un apasionado reformador que buscaba la observancia religiosa de sus monasterios y un crítico abierto de la venta de indulgencias. Es interesante notar, que esto convirtió a Lutero en parte del movimiento católico de reforma, años antes de su conflicto abierto con Roma. Las famosas 95 Tesis, que Lutero clavó en las puertas de su parroquia de Wittenberg en 1517, eran una crítica mordaz a la práctica de las indulgencias. Como tales, no lo distinguían necesariamente de muchas otras voces "incómodas" que, desde el interior, protestaban por los abusos de la Iglesia. Sin embargo, las tesis atrajeron la atención hacia él, y el escrutinio del que fue objeto por parte de las autoridades, reveló diferencia cada vez más profunda e insalvable.

El punto de división entre Lutero y la Iglesia fue fundamentalmente una diferencia teológica, más que una disputa sobre prácticas particulares de la Iglesia. Lutero había dedicado su vida a la búsqueda de la misericordia de Dios, y su rigurosa práctica de penitencia y ascetismo en sus primeros años como monje reflejaban su intento por descubrir cómo la misericordia y la gracia llegaban a través de los canales del medioevo. Pero, el sentido de fragilidad humana (concupiscencia) de Lutero era tan profundo que no se conformaba con la espiritualidad penitencial medieval. Para él, era imposible que un ser humano llegase a ser lo suficientemente justo como para estar de pie ante el juicio de Dios. Ser justo significaba vivir perfectamente el Evangelio, y Lutero consideraba esto sumamente difícil de llevar a cabo para un ser humano.

Mientras dictaba clases sobre las cartas de San Pablo en la Universidad de Wittenberg, comenzó a comprender la "justificación de Dios" en una manera nueva. Más que referirla al juicio justo de Dios, Lutero comenzó a ponderar la "justificación de Dios" como un don libre de Dios. Ya no era válida la experiencia activa de esforzarse por ser justificado mediante la penitencia, sino la experiencia pasiva de recibir la certeza de la salvación de Dios mediante el don de la fe.

Si esto es verdad, se modifica completamente el principio fundamental de la espiritualidad medieval. Si parte de la condición humana es preocuparse por saber si uno se salva o no se salva, la respuesta medieval había intentado asegurar a los humanos que Dios les daba la fuerza para ello: es difícil, pero tú puedes hacerlo con la ayuda de Dios. Puedes resistir al pecado. Para Lutero esto era simplemente una decepción. El hecho es que ninguno de nosotros es lo suficientemente fuerte para resistir siempre al pecado. La respuesta de Lutero fue justamente la opuesta: Lutero afirma la propia *incapacidad* para merecer la salvación: tú no puedes resistir al pecado, pero la salvación es obra de Dios, no tuya, y, fundamentalmente, Dios es más confiable de lo que tú eres en los asuntos de tu propia salvación. Para Lutero, esta es una doctrina tranquilizadora. Con toda la responsabilidad de la salvación puesta en Dios, no se pide al ser humano que realice lo imposible. Uno no puede más que seguir siendo pecador (por la propia naturaleza), pero aún así, es posible la salvación.

Dado que su doctrina implicaba un cambio radical de la enseñanza católica previamente difundida y transmitida respecto a la relación entre la gracia, las obras y la naturaleza humana, la pregunta obligada que los teólogos católicos planteaban a Lutero era: "Tú, ¿cómo lo sabes?" Por una parte, ¿cómo sabía Lutero que su doctrina, y no la doctrina de los Padres y Doctores de la Iglesia era la correcta? Más aún, si Lutero se preocupaba del pecador desilusionado, ¿cómo sabía si su doctrina y el consuelo que ofrecía no eran también engaños del maligno?

Ambas cuestiones se resumían en el asunto de la autoridad. Para Lutero, la autoridad de esta enseñanza venía del "testimonio del Espíritu Santo", que le asistía cuando leía las Escrituras, lo cual le producía paz y tranquilidad. Así, el individuo, lleno del Espíritu Santo, tenía la autoridad para resistir y prescindir de la autoridad de la Iglesia institucional. Para católicos como Juan de Eck, con quien Lutero debatió en 1519 en Leipzig, Alemania, la oposición entre el individuo asistido por el Espíritu Santo y la Iglesia era imposible. Cristo dejó el Espíritu Santo a la Iglesia para preservarla del error. Suponer que el Espíritu Santo abandonó a la Iglesia de Pedro para hablar a un monje alemán era algo absurdo.

Aun cuando la visión fundamental de Lutero era una especulación teológica sobre la naturaleza de la justificación, y bíblica –basado en su lectura de las cartas de Pablo– sus oponentes católicos lo presionaron para que considerara las implicaciones de su visión teológica en la naturaleza de la autoridad, y esa diferencia constituyó la ruptura final con el catolicismo. Bajo el escrutinio de Juan de Eck, Lutero se vio obligado a considerar la autoridad de la Escritura superior a la enseñanza de la Iglesia, y que su única fuente para su interpretación de la Escritura era el "testimonio del

Espíritu Santo". Se dice que a Lutero lo acompañó toda su vida la cuestión de De Eck en el debate de Leipzig "¿eres tú el único que lo sabe?".

Juan de Eck terminó en Leipzig la disputa con una súplica dirigida a Lutero para que abandonara su insubordinación y volviera a la Iglesia. Pero Lutero estaba convencido, y en conciencia no iba a retractarse. En 1520, Roma emitió una bula en la que declaraba heréticas cuarenta y una de las noventa y cinco tesis de Lutero, el cual acudió a las autoridades políticas alemanas pidiéndoles su apoyo. En 1520, Lutero produjo tres escritos sumamente influyentes: *Sobre la nobleza de los príncipes alemanes, Sobre el cautiverio de la Iglesia en Babilonia, y Sobre la libertad de un cristiano.*

Estos ensayos fueron impresos como folletos y distribuidos ampliamente por todo el territorio alemán. En los primeros dos, Lutero jugó una carta política. Como hemos visto, no eran nuevas las hostilidades entre la nobleza alemana y Roma. En el primero de estos ensayos, Lutero alabó las virtudes de la nobleza y validó su autoridad. En el segundo, proclamó que Roma estaba secuestrada, no por la monarquía francesa, como se había dado antes, sino por la herejía y la falsa doctrina. El tercer tratado era un documento sumario de la teología de Lutero, en forma breve y legible. Lutero, en esencia, usó estos tres documentos para suscitar la insatisfacción de los príncipes alemanes contra la Iglesia y dar a sus "protestas" una justificación teórica. Cuando llegó su excomunión oficial en 1521, Lutero apareció ante el emperador de los alemanes y emitió su famosa declaración: "Aquí estoy, nada más se puede hacer" y se retiró a la seguridad del castillo de un poderoso noble. La ruptura con Roma era oficial.

El rompimiento entre Lutero y Roma fue como una chispa que difundió el incendio de la rebelión contra Roma a lo largo de Alemania y aun a otras partes de Europa. La rapidez con la que se difundieron las ideas de Lutero se debió en parte a la nueva tecnología del siglo XVI: el uso de la imprenta de tipos movibles a principios del siglo hizo muy simple la distribución de las ideas luteranas. Además, Lutero fue un buen publicista. Escribió treinta trabajos entre 1517 y 1520, y estos vendieron probablemente más de 300,000 copias en total. Frecuentemente mandaba a imprimir los capítulos iniciales de los trabajos mientras seguía trabajando en los últimos, para asegurar que los trabajos salieran inmediatamente. Hacia 1521, el nuncio papal, Alejandro, lamentó que "los impresores no querían vender otra cosa que los escritos luteranos". La posición de Lutero en asuntos de fe muy pronto se convirtió en un asunto de dominio público. El apoyo que Lutero obtuvo no se debió simplemente a la publicidad, ni tampoco simplemente al atractivo teológico de su doctrina. Ambos fueron importantes, pero es incuestionable que esos dos factores únicamente hubiesen sido suficientes para completar la reforma. La rebelión de Lutero contra Roma tuvo sus ventajas políticas. La nobleza que lo protegió del alcance del emperador y del papa vio el beneficio político inmediato de la ruptura con Roma. Apoyar a Lutero equivalía a decir que el principado quedaba libre de pagar los impuestos asignados por la Iglesia y libre del influjo de las autoridades eclesiásticas. En los pueblos, las asambleas locales ya habían asumido muchas responsabilidades del servicio social que la Iglesia habitualmente había ofrecido; para algunos, era bastante natural asumir también las responsabilidades religiosas. En apoyo a Lutero, los pueblos asumieron la prerrogativa de designar a sus propios líderes religiosos.

Los campesinos, también, vieron en la declaración de Lutero *Sobre la libertad de un cristiano* un mensaje de liberación de las restricciones de las estructuras sociales que los ligaban a la nobleza y a la tierra. "Encontramos en la Escritura que somos libres", declaraba un documento publicado por los campesinos de Swabach, "y seremos libres". Lutero sentía cierta simpatía por su demanda de trato libre, pero evitó la violencia y sucedió finalmente que los campesinos malinterpretaron su mensaje. A causa de las atrocidades que los campesinos hicieron en su nombre, Lutero escribió un tratado que exhortaba a la nobleza a someter a los rebeldes por cualquier medio que fuese necesario. Con este tratado, Lutero se alejó mucho más del apoyo campesino, pero reforzó sus lazos con la clase media conservadora y con la nobleza.

Hacia el tiempo en que murió Lutero (1546), casi la mitad de los principados alemanes y casi la mayoría de los pueblos libres se habían adherido a él y se habían hecho "luteranos". En aquellos primeros años del movimiento, el emperador alemán juró ser defensor del catolicismo romano. El emperador se había distraído en negocios internacionales, peleando contra Francia en el Oeste y contra Turquía en el Este. Solamente en 1547 el emperador encontró la oportunidad de recuperar sus provincias rebeldes para el catolicismo, pero ya era demasiado tarde. Las escaramuzas se prolongaron por ocho años sin favorecer decisivamente al lado luterano y tampoco al católico. En 1555, a regañadientes, el emperador accedió a firmar una tregua: la paz de Ausburgo: un pacto de no agresión entre católicos y protestantes sintetizado en la frase *máxima cuis regio, ellas reiligio* ("de acuerdo a la región, sea su religión"). La religión elegida por el noble local determinaría la religión de todos los habitantes de la región. La paz de Ausburgo constituyó el primer reconocimiento oficial de que la protesta de Lutero había dividido a Europa occidental. El papa ya no era el pastor de todos los cristianos de Europa occidental.

Variedad de reformas

Sería un error caracterizar a Europa occidental como un cuadro dividido en dos: católicos contra protestantes. Lutero realmente fue el primer líder de las reformas que siguieron, y no todos esos reformadores coincidían entre sí. Rápidamente, siguiendo a la ruptura de Lutero con Roma, Ulrico Zwinglio encabezó un movimiento de reforma en Suiza que lanzó a ese país a una guerra civil y estableció lo que generalmente se ha llamado como Iglesia Reformada (predecesora de las actuales tradiciones reformadas presbiteriana y holandesa). De ahí en adelante, el movimiento reformado encontró su teólogo sistemático más representativo en Juan Calvino. Estos tres –Lutero, Zwinglio y Calvino– son considerados generalmente como los líderes de la así llamada reforma magisterial, dado que sus reformas se centraron en asuntos particulares de doctrina y enseñanza (*magister* designa en latín a "maestro"). Aun cuando esos tres representantes de la Reforma concordaban en el poder penetrante del pecado en la vida humana y en la absoluta gratuidad de la salvación, ellos y sus seguidores no llegaron a un acuerdo en su teología sacramental ni en su teología de la Iglesia. Los debates que Lutero había emprendido con sus críticos católicos sobre la naturaleza de la autoridad se repetían en el movimiento reformista. La búsqueda del esclarecimiento del sentido de la Escritura y la Inspiración del Espíritu Santo sumergió al movimiento reformista en discordias y conflictos.

Más que amenazar el orden y la armonía del movimiento reformista, fueron los llamados reformadores radicales, entre ellos los anabautistas y los espiritualistas, quienes cuestionaron los principios fundamentales de la fe cristiana. Mientras que los católicos, luteranos y las Iglesias reformadas compartían la fe en la autoridad de las Sagradas Escrituras (el debate se dio más en torno a quién tenía autoridad para interpretarlas), los anabautistas se fijaron más en la "Palabra interna" de Dios en el alma. Para un anabautista, la Escritura valía como un testimonio externo a esa Palabra interior. Muchos anabautistas enseñaban que todos los humanos podrían salvarse, puesto que Dios es amor perfecto. Los anabautistas enfatizaban también el poder de la voluntad humana para elegir la salvación, para tomar una decisión por Cristo, en claro contraste con las perspectivas de Lutero o Calvino respecto a la profundidad de la pecaminosidad humana.

Los espiritualistas fueron más allá que los anabautistas. Ellos rechazaron la doctrina cristiana de la Trinidad y no aceptaban que la verdadera Iglesia invisible de Cristo tuviese algo que ver con las instituciones católicas o protestantes visibles. Los anabautistas fueron los predecesores de las comunidades amish y menonitas. El universalismo unitario tuvo sus raíces en la reforma espiritualista. Estos disidentes fueron considerados por católicos y protestantes como una amenaza para la fe y al buen orden. Católicos y protestantes fueron cómplices en esa persecución.

La última esfera del movimiento de reforma, la reforma inglesa, fue muy diferente de cualquier otro movimiento al menos en sus orígenes. Mientras que Lutero, Zwinglio, Calvino e, incluso, los anabautistas radicales y espiritualistas, intentaron reformar (o abolir, como pudo ser el caso de los espiritualistas) la teología, la reforma inglesa constituyó inicialmente una disputa sobre los poderes de la Iglesia y del Estado. Enrique VIII, rey de Inglaterra, escribió una áspera crítica a Lutero y al movimiento de reforma, la cual impresionó tanto al papa que éste honró al rey con el título de *Defensor fidei*, "Defensor de la fe". Cuando las circunstancias personales motivaron a Enrique a declararse cabeza de la Iglesia de Inglaterra en el Acto de Supremacía en 1534, la disputa fue vista más en la línea de aquella otra entre el papa Bonifacio VIII y el rey de Francia a principios del siglo XIV, que la protagonizada por Lutero.

Aun así, el mar no aisló a Inglaterra de la influencia de las reformas protestantes vividas en el continente y fue así como en los años subsiguientes, reformadores como Tomás Cranmer y Tomás Cromwell edificaron una Iglesia más cercana a las iglesias reformadas que a los católicos. La reforma inglesa constituye, por supuesto, los inicios de la Comunión Anglicana de Iglesias o lo que en los Estados Unidos de América se conoce como la Iglesia Episcopal.

Hacia 1557, en el lapso de cuarenta años posteriores a la publicación de las 95 tesis luteranas, el rostro de Europa y la historia de la Iglesia occidental habían cambiado para siempre. El reino de Francia se había enfrascado en una sangrienta guerra civil, con católicos y protestantes enfrentados entre sí. Los territorios alemanes se habían reducido a la mitad. Los países escandinavos eran firmemente luteranos; España era firmemente católica. Inglaterra forjaba su propia impronta protestante, aunque Irlanda permanecía obstinadamente católica. Había muerto el ideal medieval de la cristiandad cuya meta era una sociedad mundial unida en una fe común. Por primera vez, la Iglesia Católica, desde la crisis arriana un milenio antes, se encontraba frente a frente con un rival hostil para el alma de Europa. Estaban marcadas las líneas de la batalla. La Contrarreforma católica había comenzado.

El Concilio de Trento:
La Reforma y la Contrarreforma

Me he esforzado en sostener que el movimiento de reforma en la Iglesia Católica tuvo su propio carácter y se anticipó al movimiento de Lutero. La base de la reforma del siglo XVI –educación, reforma clerical, énfasis en la Escritura, predicación, devoción a la Eucaristía– no impidió que la renovación católica diera gran importancia a numerosos problemas, aun cuando la crisis luterana ya había surgido y se había esparcido. Cuando el cardenal Alejandro Farnese se convirtió en el Papa Pablo III (1534–1549) reunió de inmediato en Roma a un súperequipo de reformadores católicos; las mejores y más brillantes luminarias que podía ofrecer el catolicismo. Contarini, un laico veneciano muy fogoso, recibió el solideo rojo de cardenal en 1535. Con él estaba también, en Roma, Caraza, el fundador de la orden teatina (una rama de la Cofradía del Amor Divino). Reginaldo Pole, un humanista inglés y cardenal exiliado de Inglaterra; el obispo Giberti de Verona, cuya obra "Constituciones de Reforma" revolucionó (y aterrorizó) a su clero local; y otros líderes de gran talla. Juntos, compusieron en 1537 la *Consilium de emendanda ecclesia* ("Recomendación sobre la sanación de la Iglesia"), un informe que enumeraba con candor asombroso los abusos y "heridas" de la Iglesia y recomendaba "remedios" para sanarlas. Las "heridas" no eran sorprendentes: abusos clericales, falta de educación, predicación pobre y herética, y así sucesivamente. Lo más importante se trataba de un documento hecho bajo la autoridad papal; representaba, por tanto, un reconocimiento de Roma de la necesidad de "sanación".

Aunque las razones de Pablo III para reunir a Contarini y el resto de su "súper equipo" tenían algo que ver con la amenaza representada por el rápido éxito de Lutero, el *Consilium* no podía considerarse parte de la "Contrarreforma" católica, es decir, la respuesta deliberada e intencional al protestantismo. De hecho, los reformadores católicos permanecían abiertos a la posibilidad de reconciliación con los luteranos, y Contarini mismo encabezó una delegación católica al coloquio (Conferencia) de Regensburg

(Ratisbona) en 1541. La delegación luterana era encabezada por los más cercanos discípulos de Lutero: Martín Bucer y Felipe Melanchton. Después de una serie de conversaciones e intercambios, Contarini y De Eck (el antiguo adversario de Lutero) así como Bucer y Melanchton habían llegado a un compromiso de llegar a acuerdos en torno a problemas teológicos fundamentales. Los teólogos más brillantes de ambos lados habían coincidido en algo y la reconciliación, si no era inminente, al menos parecía posible. Sin embargo, cuando los participantes de la Conferencia retornaron a sus respectivos dirigentes el acuerdo colapsó. Tanto Lutero como el Papa consideraron a Regensburg demasiado comprometedor y, así, la conferencia que era la esperanza de la unidad terminó poniendo de manifiesto la profundidad de los desacuerdos. La última esperanza de reconciliación se había frustrado.

A partir de lo anterior, pienso que puede hablarse de una Contrarreforma católica. Después de Regensburg en 1541, los esfuerzos de los reformadores católicos se apartaron de la búsqueda de clarificación de las diferencias. Contarini, el alma de la reforma católica, se enfermó y con ello se cerró de manera circunstancial y algo trágica este primer capítulo en el catolicismo del siglo XVI. Comenzaba una nueva era en la reforma del catolicismo que cambió la base reformista de Contarini con un *ethos* anti-luterano/anti-protestante. Casi proféticamente fue fundada y reglamentada en 1540 la Compañía de Jesús, la orden entusiasta de hermanos y sacerdotes que habría de encabezar una nueva ola de reforma. Sin embargo, la cumbre de la nueva reforma llegaría con el Concilio de Trento.

El Concilio de Trento (1545–1563) representa la respuesta sistemática a la Reforma protestante. El Concilio fue un momento de autodefinición para la Iglesia Católica, y nosotros aún vivimos con su legado. Sus decretos fueron la extensión natural de la base reformista de Contarini y la respuesta calculada a las ideas de Lutero y Calvino. Ante todo, Trento abordó uno de los puntos fundamentales de contienda entre protestantes y católicos: la autoridad de la Escritura. El Concilio declaró que la Vulgata, la traducción latina de la Biblia, llevada a cabo por San Jerónimo y sus contemporáneos, era la versión autorizada de la Escritura, libre de error dogmático. El decreto proporcionó una lista definitiva de los libros en el canon católico y afirmó que la plenitud de la Revelación se encuentra en la Escritura *y* en las Tradiciones no escritas. La redacción de este decreto fue cuidadosamente llevada a cabo para refutar la ecuación que hacían los protestantes entre la Revelación y la Escritura, sin disminuir el significado de ésta. Trento declaró que la Iglesia Católica, como custodio de los elementos escritos y no escritos, era la única autoridad segura y confiable en la interpretación de la Escritura.

Trento también emitió un decreto sobre la justificación y la gracia, el tema de la diferencia fundamental que Regensburg no pudo disipar. Contra Lutero, Calvino y Zwinglio, Trento declaró que el pecado original no negaba nuestra capacidad para cooperar con la gracia de Dios. Mientras que Lutero enseñó que el pecado original era sumamente condicionante, de tal manera que los efectos del pecado original se expresaban en una inclinación hacia el pecado, pero que esta debía resistirse. De acuerdo al Concilio de Trento, es una verdad esencial para la fe católica que los seres humanos deban cooperar con la gracia de Dios en la salvación.

El decreto sobre los sacramentos integró el énfasis de los reformadores católicos en la centralidad de la Eucaristía con la consiguiente polémica anti-protestante. Lutero y Calvino habían buscado las fuentes bíblicas de los sacramentos tradicionales y las encontraron equivocadamente. Reconocieron solamente el Bautismo y la Cena del Señor, pero no coincidieron en cuanto a la naturaleza de ésta última. Trento afirmó que hay siete sacramentos y confirma la doctrina de la transubstanciación en la Eucaristía. De acuerdo a Trento, la sustancia del Cuerpo, Sangre, Alma y Divinidad de Cristo están realmente presentes en la Eucaristía bajo las especies ("accidentes"), es decir, la apariencia de pan y vino (*CIC, 1413*).

Hasta aquí, la mayoría de los decretos parece reflejar cierta tendencia anti-luterana de la Contrarreforma católica. Pero, el último decreto –y uno de los más largos– puso de manifiesto la problemática que los reformadores de Contarini expresaron en el *Consilium de emendanda ecclesia*; es decir, la que tiene que ver con los derechos y responsabilidades del obispo. Los Padres del Concilio pidieron a todos los obispos que se responsabilizaran en el fortalecimiento y promoción de las reformas. Los decretos reafirmaron la autoridad del obispo local sobre las Iglesias (diócesis) particulares, dándoles autoridad para hablar "en nombre del papa" y para establecer seminarios para la educación y adiestramiento de su clero. Después de tres largas sesiones celebradas intermitentemente a lo largo de dieciocho años, el Concilio de Trento fue clausurado el 3 de diciembre de 1563. Desde una perspectiva católica, la crisis de la reforma había terminado. Se reafirmó la doctrina católica contra el protestantismo, se reforzaron las estructuras de autoridad y, quizá más significativamente, el catolicismo resurgía con un fuerte sentido de confianza, identidad y compromiso misionero.

⚜✝⚜

Para reflexionar

1. ¿Dónde se pueden ver las semillas de la reforma en la Iglesia actual? ¿De qué manera podemos aprender de los errores del pasado e impedir futuras divisiones entre los cristianos?

2. En la Iglesia actual se escucha la frase *Ecclesia semper reformanda*, es decir, la Iglesia siempre está en proceso de reforma. Si esto es verdad, ¿qué elementos de la "base reformista católica" necesitan ponerse en práctica o implementarse en la actualidad? ¿Qué elementos nuevos podrías incluir?

3. ¿Qué noticia tenías anteriormente del Concilio de Trento? Ahora que entiendes el contexto histórico de la época, ¿confirma o cuestiona ese entendimiento tu imagen de la Iglesia en el tiempo de la reforma?

CAPÍTULO 5

La fe en un mundo nuevo

Con la clausura del Concilio de Trento, la Iglesia Católica dejaba atrás el trauma de la Reforma y comenzaba a afrontar un nuevo mundo con renovada pasión. La bandera del liderazgo espiritual fue tomada por órdenes religiosas nuevas o renovadas. Entre ellas estaban muchas órdenes que aún sirven a la Iglesia en la actualidad. Las ursulinas, las carmelitas descalzas de Santa Teresa de Ávila y San Juan de la Cruz, las hermanas de la Visitación fundadas por San Francisco de Sales y Santa Juana Francisca de Chantal, y los franciscanos capuchinos, desempeñaron una participación activa en la renovación tridentina ("relacionado con Trento") de la fe católica. Los misioneros dominicos, franciscanos y muchos otros se extendieron por los territorios recién descubiertos. Toda esta vitalidad y movimiento pueden remontarse no sólo a Trento sino a la "base" de la reforma católica que había tenido lugar durante la Baja Edad Media. Sin embargo, la renovación de la vida religiosa en la Contrarreforma, después de Trento, es quizá mejor ejemplificada por la Compañía de Jesús (los jesuitas). Esta nueva orden, fundada por San Ignacio de Loyola y sus compañeros, creció con increíble rapidez desde la segunda mitad del siglo XVI y se extendió por toda Europa y más allá. En gran medida, los jesuitas pueden servir de ejemplo del espíritu de renovación católica que siguió a Trento.

San Ignacio y el "modo de proceder" jesuita

San Ignacio de Loyola nació en el seno de una familia noble el año de 1491, en Guipúzcoa, una localidad vasca del norte de España. Dedicó su juventud a la vida refinada de caballería y romance. El éxito en este tipo de vida aseguraba una buena carrera en la política o la diplomacia. Pero, cuando las tropas francesas invadieron el territorio español y amenazaron con tomar la ciudad de Pamplona, Ignacio y sus coterráneos se unieron al ejército español. El comandante de la guarnición de Pamplona comprendió que los franceses poseían una fuerza superior y planeó la retirada, pero Ignacio y sus compañeros vascos rechazaron esta medida –una estrategia que fue, en opinión de Ignacio, entusiasta y estúpida. Cuando la artillería abrió las paredes de la guarnición una bala de cañón pasó justo entre las piernas de Ignacio hiriéndolo en ambas. Cuando Pamplona fue vencida, Ignacio fue atendido por los cirujanos franceses y regresó a su castillo en Loyola, para recuperarse. Desafortunadamente, el hueso de una pierna no fue colocado apropiadamente y hubo que volver a romperlo para colocárselo correctamente. Cuando se curó por segunda vez, el hueso quedó un poco deforme, de manera que el vanidoso joven cortesano pidió ser sometido nuevamente a cirugía para restablecer el hueso. Esto duplicó el tiempo de su recuperación. Al final, esta cirugía tampoco fue exitosa e Ignacio pasaría el resto de su vida ligeramente desfigurado y cojo.

Durante su larga convalecencia en el castillo en Loyola, Ignacio estaba ávido de lecturas. Los únicos libros que pudo encontrar fueron una colección de la vida de los santos y una meditación sobre la vida de Cristo. Esos dos textos tuvieron un profundo efecto en Ignacio, de modo que una vez recuperado de sus heridas no buscó más ser parte del mundo cortesano y decidió, en cambio, embarcarse en una peregrinación a Jerusalén. La primera etapa de su viaje lo condujo a Manresa, un pueblo del norte de España. Su intensa experiencia de oración en Manresa lo llevó a desarrollar ciertos principios de vida espiritual que reunió en un libro que tituló "Ejercicios Espirituales". El tiempo y la situación política le impidieron continuar su viaje a Jerusalén, lo cual motivó que Ignacio regresara a estudiar en las universidades de Alcalá, Salamanca y París. A la mitad de sus estudios, comenzó a guiar a algunos de sus compañeros de clase con sus Ejercicios Espirituales. Esos compañeros llegaron a ser los fundadores de la Compañía de Jesús.

Los Ejercicios Espirituales son una serie de meditaciones guiadas, organizadas en cuatro semanas por las "profundidades" de la vida espiritual. De alguna manera, esto representa la típica espiritualidad de la Baja Edad Media que ya hemos visto en la "Devoción moderna" con sus elementos de interioridad y dramatismo respecto a la contemplación de la vida de Cristo. Pero, a diferencia de otros escritos espirituales de la Baja Edad Media, los Ejercicios no hacen de la interioridad un fin en sí. Por otra parte, el "discernimiento de espíritu" que Ignacio aconseja debe ponerse en práctica (en los momentos de toma de decisión, de un compromiso, de una acción) se basa en la sabiduría, la confianza y la guía obtenida en el curso de los Ejercicios.

Ignacio buscaba inspirar el alma para crear "contemplativos en acción" y añadió a sus Ejercicios una serie de "Reglas para pensar con la Iglesia" para que el movimiento se diera en una dirección correcta. Su regla decimotercera pide obediencia y fe aun contra la razón y la percepción: "Si queremos estar seguros de que en todo hacemos lo correcto, siempre debemos estar dispuestos a aceptar este principio: yo creeré que lo blanco que veo es negro, si la Iglesia jerárquica así lo define". Esta espiritualidad "activista", estricta en su obediencia a la Iglesia "jerárquica", (es decir, católica) y rigurosa en su disciplina, ayudó a hacer de la orden jesuita el modelo de la Contrarreforma católica en los años que siguieron al Concilio de Trento.

La Bula de Institución que estableció la orden con el sello pontificio de aprobación, en 1540, hacía un llamado a "Cualquiera que en nuestra Compañía, que deseamos se distinga con el nombre de Jesús, quiera ser soldado para Dios bajo la bandera de la cruz, y servir al sólo Señor y al Romano Pontífice, su vicario en la tierra". Esta metáfora militar retrata vivamente la índole del nuevo grupo ignaciano. Ignacio definió la orden en estos términos: "una Compañía fundada ante todo para atender principalmente al provecho de las almas en la vida y doctrina cristiana y para la propagación de la fe, por medio de predicaciones públicas y ministerio de la Palabra de Dios, de ejercicios espirituales y de obras de caridad, y concretamente por medio de la educación en el cristianismo de los niños e ignorantes, y de la consolación espiritual de los fieles cristianos, oyendo sus confesiones" (Fórmula del año 1540).

Todos los elementos básicos de la reforma católica se encuentran en esta breve declaración: el énfasis en la predicación, en la vida espiritual y en la atención explícita a la educación de los creyentes. Además, los inicios de la Contrarreforma podían expresarse así: estricta obediencia al Papa, el Vicario de Cristo, expuesta firmemente desde sus inicios, señalando la "delimitación de los rangos" en el catolicismo hacia la década de 1540. En el documento aludido previamente, los primeros jesuitas hicieron este voto: "nos obligamos a ejecutar, sin subterfugio ni excusa alguna, inmediatamente, en cuanto de nosotros dependa, todo lo que nos manden los Romanos Pontífices, el actual y sus sucesores, en cuanto se refiere al provecho de las almas y a la propagación de la fe; y [a ir] a cualquiera región a que nos quieran enviar, aunque nos envíen a los turcos, o a cualesquiera otros infieles, incluso los que viven en las regiones que llaman Indias; o a cualesquiera herejes o cismáticos, o a los fieles cristianos que sea". Jerónimo Nadal, uno de los primeros compañeros de Ignacio, describió el estilo de vida jesuita (designado por ellos como su "modo de proceder") de esta manera: "lo práctico, en el Espíritu, con el corazón". Esta perspicaz combinación de espiritualidad y sentido práctico, de contemplación y acción, les permitió llevar a todo el mundo la bandera del catolicismo tridentino.

La misión a Asia

Los jesuitas estaban entre los primeros que habían sido enviados a los "nuevos mundos" (nuevos al menos para los europeos) de Asia y América. Después del célebre viaje de Colón en 1492, los poderes europeos, especialmente España y Portugal, experimentaban una "fiebre de expansión". A solicitud del rey de Portugal, San Francisco Javier, uno de los compañeros originales de Ignacio y vasco igual que él, partió para Asia en 1540, cuando apenas la Orden había recibido aprobación del Papa. Francisco Javier llegó a Goa, India, en 1542, y ahí estableció una base para las misiones en Asia. En 1549, viajó a Japón, donde encontró lo que consideró una noble civilización: "Nunca podremos encontrar entre los paganos otra raza igual a la japonesa. Ellos son gente de excelentes costumbres, buenas en general, no maliciosas". Los jesuitas encontraron sacerdotes zen budistas luego de su arribo a Japón. Identificando la semejanza de sus funciones, los misioneros católicos hicieron inmediatamente sotanas de tela color naranja, el color que identificaba a los sacerdotes zen. En Asia, el proceso de adaptación y asimilación fue esencial para el éxito de las misiones. Después de algún tiempo en Japón, Francisco Javier escuchó algunos relatos de la gran cultura y civilización chinas; fue entonces que emprendió el viaje hasta las costas de China poco antes de morir en 1552.

Aun cuando Javier no llegó a iniciar su misión en China, algunos de sus hermanos lo hicieron poco después de su muerte. Cuando encontraron a los sacerdotes budistas entre los chinos, inmediatamente asumieron su manera de vestir y sus maneras de comportarse, pensando que lo que había funcionado en Japón debía también funcionar en China. Sin embargo, China tenía un estricto sentido de clase y privilegios, y los sacerdotes budistas eran considerados gente de la clase baja. La gente de influencia en China, los mandarines, era confuciana.

El confucianismo es una religión –mejor quizá, una filosofía moral– basada en las enseñanzas y preceptos de Confucio (Kung fu-tse), básicamente conservadora, que ponía énfasis en la lealtad, la familia y la tradición. Misioneros jesuitas como Mateo Ricci y Johann Adam Schell von Bell no vieron un conflicto importante entre el Evangelio y el confucianismo; dejaron crecer su cabello y barba al estilo chino, portaban vestido mandarín y estudiaban la doctrina de Confucio. Habían entablado contactos con la nobleza china y habían comenzado a enseñar sobre Cristo.

Aquí es bueno pausar y preguntarse por qué los jesuitas no se contentaron con trabajar entre los pobres y las clases bajas como los monjes budistas que ellos habían imitado inicialmente. Después de todo, Cristo había trabajado con los recaudadores de impuestos y los pecadores; ¿no debían hacer lo mismo sus misioneros? ¿Podrían haber actuado distinto los franciscanos, para quienes la pobreza era una idea central? Quizá sí, quizá no. Para bien o para mal, parecía que los jesuitas, como buenos católicos europeos tridentinos, tenían la imagen de una sociedad estructurada jerárquicamente. Al llegar a China, encontraron una estructura similar. En la India, el sistema de castas le daba un valor religioso a la jerarquía social; un jesuita, Roberto de Nobili, vivió treinta y siete años como un *sanyasi*, un hombre santo de la casta superior; sin portar ropa de piel, su vestimenta era de tela color ocre; no comía carne, aprendió el sánscrito (el idioma clásico en la India), y rehusaba el contacto con otros europeos. Para él, esta era la manera apropiada de hacer que el Evangelio tuviese sentido en una cultura extraña. En una estricta jerarquía, la manera más eficaz de producir un cambio era comenzar desde arriba y dejar que las ideas se "filtraran" hacia las clases más bajas. En efecto, Ricci, Schell von Bell y de Nobili, cada uno de ellos había alcanzado un éxito considerable en su misión.

La cuestión fundamental de todas esas acciones es fascinante, pero difícil. ¿Qué tanto podían adaptar y asimilar, sin violentar la esencia del mensaje cristiano? ¿Dónde estaban las fronteras entre cultura y fe? Mateo Ricci y Roberto Nobili ¿intentaban simplemente "adoptar la cultura nativa", o se esforzaban primero por comprender la cultura a fin de expresar el Evangelio de modo eficaz? Estas cuestiones pasaron a primer plano en lo que se ha llamado la "controversia de los ritos chinos". En 1579, el superior de las misiones jesuitas, Alejandro Valignano, escribió algunas normas para los misioneros que dejaban en claro las prioridades jesuitas:

> No intenten, en modo alguno, persuadir a esa gente de cambiar sus costumbres, sus hábitos y su conducta, en tanto no vaya ello en contra de la religión y la moralidad de manera evidente. ¿Qué podría ser más absurdo que trasladar a Francia, Italia o algún otro país europeo a China? No les lleven sus países, sino la fe, que no rechaza ni perjudica las costumbres y hábitos de esa gente, en cuanto que no son perversos. Por el contrario, la fe desea verlos preservados por completo.
>
> (Citado en Hsia, p. 187)

Ricci fue capaz de asumir esas normas y ponerlas en práctica. Su primera publicación después de arribar a China no fue una traducción china del catecismo cristiano, sino una traducción latina de los cuatro libros del confucianismo. Él y sus sucesores presentaron la fe cristiana como un sistema de ética social enteramente compatible con el confucianismo; de hecho, los jesuitas se alinearon con los reformadores confucianos en un esfuerzo por purificar al confucianismo de la "contaminación" del pensamiento budista, y para tal efecto emplearon los principios de la moral cristiana. El talento de Ricci para el idioma chino, su voluntad de aprender el mandarín, y su capacidad de adaptación, atrajeron la atención de un pequeño número de personajes influyentes de la corte china, los cuales se convirtieron a la fe cristiana y llegaron a ser sus defensores y promotores en China. ¿Avanzó significativamente esta inculturación? Probablemente. Los jesuitas en China no hablaron mucho del pecado original ni de otros temas doctrinales que no eran fácilmente compatibles con el confucianismo. También se abstuvieron de exhibir crucifijos por temor de ofender la sensibilidad de los chinos. Basta decir que eran sumamente difíciles las cuestiones que surgían en el proceso de inculturación.

La estrategia de Ricci recibió inicialmente el apoyo de Roma. En 1621 el Papa Pablo V aprobó la celebración de la misa en chino y permitió que se incorporaran a la liturgia ciertos ritos confucianos. Pero, algunos jesuitas pusieron objeciones a esas prácticas y también al uso de los términos confucianos que designaban a "cielo" (*Tian*) y "Dios en lo alto" (*Shangde*), en lugar de la traducción de ambos al latín. Estas opiniones fueron compartidas por los misioneros dominicos que habían seguido a los jesuitas en China. En Roma, una gran guerra de propaganda había comenzado a favor de los misioneros chinos. En 1645, el Santo Oficio de la Inquisición condenó los ritos religiosos confucianos como prácticas paganas incompatibles con la verdadera fe. Los jesuitas apelaron, y en 1656 el Papa Alejandro VII revocó la decisión. El viento viró a favor y en contra de los jesuitas en los cincuenta años subsiguientes, hasta que el legado del Papa Clemente XI en China declaró al emperador Kangxi que el confucianismo había sido condenado. Kangxi reaccionó rápidamente, declarando que todos los misioneros en China debían seguir "el camino del padre Ricci", de lo contrario serían expulsados del imperio. Esta grieta entre el emperador y el pontificado quebrantó la misión en China seriamente. Aun cuando el catolicismo sobrevivió en China, perdió la atención de los chinos y así, quizá, su influencia en el pueblo.

La misión a Japón sufrió un destino aún más trágico. Después de algún éxito inicial en el área de Nagasaki, la misión cristiana pronto se vio enredada en la política feudal japonesa. Algunos poderosos *daimyo*, o "jefes militares" se habían convertido al cristianismo. Como estos jefes se pusieron a favor y en contra, así sucedió con la fe cristiana. Cuando Ieyasu Tokugawa se convirtió en *shogun* o "soberano" en 1599, se promovió el budismo para unificar a los japoneses bajo su dominio. En 1614, Tokugawa decretó que todos los misioneros extranjeros abandonaran el suelo japonés. Cuando algunos permanecieron ocultos en los poblados para continuar su labor evangélica fueron torturados o ejecutados. Los japoneses no quisieron crear mártires, pero emplearon torturas brutales para obligar a los misioneros y a los cristianos japoneses a apostatar o rechazar su fe. Estos hechos son descritos vívidamente por el novelista Shusaku Endo en su novela *Silencio*.

La misión en Asia floreció, y languideció rápidamente. Había fallado el gran experimento católico de la misión enculturada. En la actualidad, Japón y China están entre las naciones menos tocadas por la fe cristiana. Pero los otros "mundos nuevos" de los siglos XVI y XVII iban a ser profundamente afectados por el esfuerzo misionero. En el continente americano, los misioneros emplearon una estrategia diferente, más efectiva y quizá más problemática a largo plazo.

LA MISIÓN EN EL CONTINENTE AMERICANO

Las misiones al continente americano comenzaron antes que la Reforma. Misioneros franciscanos y dominicos estaban a la sombra de los conquistadores de España en Centro y Sudamérica después de los descubrimientos de Cristóbal Colón. A diferencia de los jesuitas en Asia, los misioneros americanos llegaron al continente como parte de una fuerza de conquista. La cristiandad era la religión de la cultura impuesta a los pueblos conquistados.

Aun cuando la corona española había ponderado la oportunidad misionera del Nuevo Mundo, creyó que la posesión de la tierra debía preceder al objetivo evangelizador. Cortés conquistó a los aztecas en México el año de 1521, y Pizarro tomó el imperio inca en Perú en 1536. En ambos casos, los misioneros siguieron rápidamente sus pasos. Pero esto no quiere decir que los misioneros eran simples peones de España y de los conquistadores. De hecho, ya en 1511, cuando las fuerzas conquistadoras en el Caribe comenzaron a explotar a las poblaciones nativas como mano de obra esclava, un misionero consciente, fray Antonio de Montesinos, ante todas las autoridades y representantes de la Corona en el Nuevo Mundo, predicó el Cuarto Domingo de Adviento un sermón basado en el texto de Isaías: "Una voz clama en el desierto", abogando por los pueblos indígenas y los "indios de Occidente".

> ¿Con qué derecho y con qué justicia tenéis en tan cruel y horrible servidumbre a estos indios? ¿Con qué autoridad habéis hecho tan detestables guerras a estas gentes que estaban en sus tierras mansas y pacíficas, donde tan infinitas de ellas, con muertes y estragos nunca oídos, habéis consumido? ¿Cómo los tenéis tan opresos y fatigados, sin darles de comer ni curarlos en sus enfermedades, que de los excesivos trabajos que les dais incurren y se os mueren, y por mejor decir, los matáis, por sacar y adquirir oro cada día? ¿Y qué cuidado tenéis de quien los doctrine, y conozcan a su Dios y creador, sean bautizados, oigan misa, guarden las fiestas y domingos?

Acusaciones como esta continuaron por muchos años. El más famoso misionero-defensor de los indígenas fue Fray Bartolomé de las Casas —el primero en ser ordenado sacerdote en el Nuevo Mundo—. Las Casas fue un gran escritor de panfletos y de la primera voluminosa Historia de las Indias, y sus numerosos escritos a veces cambiaron la conciencia de los españoles y eventualmente ayudó a poner fin a la esclavitud de los nativos bajo la autoridad española, aunque sin quererlo, indirectamente trajo la de los africanos.

Una de las formas más exitosas de trabajo misionero en los territorios sudamericanos fue la llevada a cabo por los jesuitas. Estos llegaron relativamente tarde a Sudamérica, después de 1570. Uno de sus centros de actividad se situó en los bosques lluviosos en torno al Río de la Plata (actualmente Paraguay, Uruguay y Brasil), el hogar de las tribus guaraníes. Los misioneros edificaron centros asentamientos llamados reducciones, para algunas tribus guaraníes. Los sacramentos eran administrados y celebrados en guaraní, mientras que la música y la danza guaraníes se incorporaron a la liturgia y ritos europeos. Los miembros nativos de las reducciones dieron una dimensión comunitaria a sus propiedades, con su propio liderazgo. De hecho, organizaban sus propios ejércitos, dotados de armas por el virrey español en Lima, para defender sus tribus de los comerciantes de esclavos. Los misioneros sirvieron como capellanes, médicos y mediadores ante las autoridades coloniales, pero dejaron los detalles de gobierno y vida comunitaria a los guaraníes. Por algún tiempo, esto pareció ser un modelo ideal de la misión cristiana.

Sin embargo, después de casi 150 años con esta clase de vida, la política interrumpió la paz de los guaraníes. Cuando España y Portugal renegociaron un tratado territorial en la década de 1750, los guaraníes en Uruguay fueron forzados a evacuar sus reducciones. Cuando se rehusaron, los jesuitas se les unieron en la rebelión armada, la cual fue reprimida por las tropas españolas y portuguesas. El trágico episodio ha sido representado en una exitosa película en 1987, "La Misión", que muestra lo real que puede todavía parecer esta historia a la imaginación. La historia de las misiones católicas en Centro y Sudamérica es la historia de política, raza y religión en conflicto, resolviéndose en ocasiones, y en otras, cayendo en un verdadero caos. Al igual que en Asia, la historia tuvo sus momentos trágicos y cómicos. La historia de Norteamérica, desafortunadamente, no iba a ser diferente.

La Iglesia católica llegó a Norteamérica en diferentes momentos. Los territorios sur occidentales eran parte de la conquista española. Los franceses se asentaron en la parte centrooriental de Canadá, en la región de los grandes lagos y en el valle del Mississippi o lo que llegó a conocerse como la compra de Luisiana. Finalmente, y quizá no ha sido tomado en cuenta lo suficiente, un grupo de católicos ingleses se asentó en Maryland, la única colonia establecida por católicos, en el siglo XVII, cuando buscaban un refugio seguro para su fe. Los católicos ingleses llegaron buscando paz, no el trabajo misionero; esta labor dirigida a las poblaciones nativas fue asumida principalmente por los españoles y por los franceses, los cuales trabajaron en la región de los grandes lagos con las tribus iroquesas y huronas.

Los franceses primero establecieron contacto con los hurones y porque estas tribus y los iroqueses eran enemigos, estos últimos presentaron bastante resistencia al contacto con los misioneros. Con los hurones, sin embargo, los franceses tuvieron mayor éxito. El asentamiento jesuita francés de Santa María, en Ontario, sirvió como hogar-base donde los misioneros se reunían o reagrupaban antes de dirigirse, individualmente o en pares, a través del valle del río San Lorenzo. Allí hicieron misión entre los poblados hurones –con 12,000 miembros aproximadamente– y reportaron casi 1,000 bautismos entre 1633 y 1635. Sin embargo, los iroqueses constantemente amenazaban y atacaban a los hurones, poniendo a muchos misioneros en situación precaria. El martirio de algunos de esos misioneros jesuitas, especialmente Juan de Brebeuf, Gabriel Lalemant e Isaac Jogues, ha llegado a ser parte de la tradición de la Iglesia Católica norteamericana, la cual celebra el entusiasmo y tenacidad de estos hombres de fe.

La presencia afroamericana

Los católicos afroamericanos han estado presentes en la historia de la Iglesia desde sus inicios. Los primeros afroamericanos católicos llegaron a lo que hoy es el norte de Florida en el año de 1565, provenientes de España, de habla castellana, venían mezclados con blancos, como es de esperarse.

En 1683 un grupo de ex esclavos afroamericanos formaron una milicia en San Agustín. Diez años después, la Corona Española prometía libertad a los esclavos que lograran escapar de las colonias inglesas y se incorporaran a la Iglesia Católica

En 1738 se funda el primer pueblo afroamericano en García Real de Santa Teresa de Mose (en el actual estado de Florida), tanto sus fundadores como su primer líder, eran personas libres. Años más tarde, en 1763 todos los residentes de la Florida se vieron forzados por la presión de los británicos a abandonar Florida y emigraron a Cuba, emigración que tuvo como resultado la mezcla de africanos, blancos y nativos, que en términos contemporáneos designamos como mestizos y mulatos. Siete años después, regresan los antiguos habitantes, pero el pueblo ya no se reconstruye, lo que sí se verifica son los libros parroquiales en los cuales queda asentado un hecho fundamental, casi el 50% de la población era de origen africano, y además, católica.

En la costa oeste también estuvieron presentes los africanos. La fundación de lo que hoy es Los Ángeles, California tuvo lugar en 1781 por once familias, siete de ellas mexicanas, dos blancas y dos africanas. Mientras tanto, los franceses colonizaron la costa del golfo a finales del siglo XVII y fue así como se introdujeron los africanos, en condición de esclavos, a esta región bajo el dominio francés. Posteriormente, en el actual norte de Louisiana tendría crecimiento una comunidad católica de ascendencia africana, creol y católica. De la costa del golfo tanto los franceses como los afroamericanos se extendieron hasta el actual Medioeste, entre ellos destaca el primer afroamericano que llegó a Chicago Jean Baptiste du Sable.

La esclavitud de los afroamericanos estaba a la sazón y la misma Iglesia estaba implicada en tal situación. El trato de esclavos incluía a miembros de la jerarquía que se beneficiaban de ella, a la vez que algunas congregaciones religiosas también tuvieron sus propios esclavos. Inclusive, durante los años de la guerra civil, el obispo de Natchitoches, Louisiana, Auguste Martin (1803–1875) escribió una carta pastoral en la que defendía la esclavitud. De manera paralela, hubo dos obispos que públicamente denunciaron la esclavitud y exigieron su terminación: John Baptist Purcell (1800–1883), arzobispo de Cincinnati, y Josué Moody Young (1808–1866), obispo de Erie. Por su parte, el Papa Gregorio XVI, mediante una Carta apostólica emitida en 1839, condena el trato de esclavos y lo relacionado a ello, como un mal en sí mismo.

A pesar de la exclusión a la que eran sometidos los afroamericanos, éstos colaboraron militarmente durante la guerra civil. Aunque la historia señala al Batallón 54 como el primer batallón afroamericano que peleó (y murió) en la Guerra civil, las primeras tropas que se organizaron, pelearon y murieron fueron The Louisiana Native Guards, quienes habían formado tres regimientos de afroamericanos católicos.

Los obispos católicos de estadounidenses, como cuerpo eclesial, comenzaron a considerar el trabajo pastoral entre los afroamericanos hasta 1866, sin embargo, la conclusión fue que cada obispo respondiera según su criterio, mientras que otros esperaban que los afroamericanos fueran atendidos pastoralmente por misioneros provenientes de Europa.

En 1871 los Padres Josefinos, provenientes de Inglaterra, se establecieron en Estados Unidos con la finalidad de servir a los afroamericanos. Para 1892 se separan de la congregación británica y forman la primera sociedad religiosa en Estados Unidos para servir a los afroamericanos: La Sociedad de San José del Sagrado Corazón. Por su parte, la primera comunidad de hermanas religiosas se fundó en 1824, en Kentucky, pero el esfuerzo no perduró a lo largo de los años. La que sí tuvo éxito fue la de un grupo de mujeres haitianas que se fundó en Baltimore en 1829, Hermanas Oblatas de la Providencia, cuyo carisma fue la educación de los niños afroamericanos.

LIDERAZGO ECLESIAL

Los primeros sacerdotes estadounidenses de origen africano fueron los hijos de un esclavista irlandés, Michael Morris Healey, quien jamás contrajo matrimonio, pero sí tuvo diez hijos con una mujer esclava de origen africano. Gracias a la amistad que tenía con quien más tarde sería obispo de Boston, John Fitzpatrick (1812–1866), y a que sus hijos tenían la piel clara los envió a estudiar a Massachussets. De entre ellos, tres se ordenaron sacerdotes: James Augustine recibió el orden sacerdotal en 1854, quedando incardinado a Boston, aunque realizó sus estudios en Canadá y Francia. Asimismo, en 1875 se es convierte en el primer obispo de origen afroamericano, y es nombrado segundo obispo de Portrland, Maine. Patrick Francis, S.J., fue ordenado en 1864 como sacerdote Jesuita; y finalmente, Alexander, ordenado para la diócesis de Boston en 1858, y quien luego de estudios posteriores se convirtió en un brillante canonista. Patrick Francis, a pesar de la situación de exclusión, puesto que no se admitían afroamericanos en los seminarios, sirvió como maestro, después como rector, y finalmente, como Presidente de la prestigiosa universidad Georgetown, en 1874.

Sin embargo, el primer sacerdote afroamericano de piel oscura fue August Tolton (1854–1897), nacido en Missouri en el seno de una familia de esclavos católicos. Dado que ningún obispo quería ordenarlo, recibió el orden sacerdotal en Roma en 1886. Sin embargo, su ordenación no fue garantía de aceptación dentro de la estructura eclesial. Finalmente, en medio de un trabajo creciente entre los afroamericanos católicos, el padre Tolton se trasladó a Chicago a petición del entonces arzobispo Patrick Feehan, para que estableciera la parroquia de Santa Mónica, donde permaneció hasta el día de su muerte, acaecida en 1891.

No fue sin hasta 1889 en que se ordena por primera vez un sacerdote afroamericano en Estados Unidos, Rev. Charles Uncles, SSJ, en la ciudad de Baltimore. El primer seminario para afroamericanos se fundó en Mississippi en 1920, trasladado después a Bay Saint Louis, en 1923.

En 1966 el presbítero Harold Perry, SVD, fue consagrado como obispo auxiliar de Nueva Orleáns, convirtiéndose así en el segundo obispo afroamericano en los Estados Unidos. Años más tarde, en 1998, Wilton Gregory, obispo de Belleville, Illinois, se convertiría en el primer obispo afroamericano en ser Vicepresidente de la Conferencia de Obispos Católicos de Estados Unidos, quedando como Presidente durante el trienio 2001–2004.

A la fecha hay un total de 14 obispos afroamericanos, de entre los cuales uno de ellos ha sido transferido a Jamaica, y otro ha sido jubilado por mayoría de edad.

El liderazgo laico tomó su propio ritmo e influencia. La figura iconográfica es Daniel Rudd, periodista y conferencista originario de Kentucky quien se dio a la tarea de organizar los primeros Congresos de Católicos Afroamericanos. El primero de ellos fue en Washington, DC en 1899, de ahí le siguieron cuatro congresos más en diferentes ciudades. Hacia 1894, como preparación al siguiente congreso, enviaron cuestionarios a los obispos católicos para que respondieran a la situación de discriminación dentro de las instituciones que representaban. Dos terceras partes de los encuestados enviaron sus respuestas. El plan del congreso era enviar los resultados al Vaticano y provocar así una reacción en conjunto. Sin embargo, debido a la muerte de Rudd, el congreso no se llevó a cabo, antes bien, se suspendió. Luego de un vacío de 93 años, la práctica de los congresos se reanuda en 1987.

En cierta manera el liderazgo de los católicos afroamericanos declinó un poco durante el movimiento de los derechos civiles, dado que quienes hicieron frente con el Dr. Martin Luther King, Jr., no fueron los católicos necesariamente, sino más bien los protestantes. Esto no indica que dentro de la Iglesia Católica no haya habido apoyo para el movimiento, aunque pudo haber sido menos de lo que se esperaba.

En abril de 1968, en una reunión que sostuvieron en Detroit, Michigan, los sacerdotes católicos afroamericanos formaron la primera asamblea nacional bajo el nombre *National Caucus of Black Clergy*, por medio de este organismo hablaron públicamente del racismo que veían dentro de la Iglesia. A finales del mismo año, la creación de esta organización tomó un rostro femenino mediante la creación de la *National Black Sisters' Conference*. Después se creó *National Black Catholic Seminarians' Association*. En 1970 se estableció la Oficina Nacional de los Católicos Afroamericanos como un comité de diálogo con los obispos. En 1988 se consolidó como un Secretariado para los Católicos Afroamericanos.

La primera carta pastoral de los Obispos Católicos de Estados Unidos respecto a los afroamericanos se emitió en 1979, *Brothers and Sisters to Us* (Nuestros hermanos y hermanas), en ella declaran abiertamente que el racismo es un pecado, además de ser un mal sufrido en la Iglesia y en la sociedad. Asimismo, hay un desafío pastoral a que los afroamericanos se conviertan en sus propios evangelizadores. Diez años después, para celebrar el aniversario de esta carta pastoral, los Obispos Católicos de Estados Unidos, emitieron un mensaje especial al que titularon *For the Love of One Another*, [Para que nos amemos los unos a los otros].

La presencia hispana

Los hispanos católicos y no católicos han estado desde el principio. Primero como nativos de este continente, segundo, por la primera expedición que llegó a Florida el 28 de agosto de 1565, comandada por el almirante Pedro Menéndez de Avilés. De hecho, la primera misa celebrada en español, el 8 de septiembre de 1565, tuvo lugar en lo que hoy es la diócesis católica romana de San Agustín, en Florida. En el mismo lugar se fundó una misión católica, llamada Nombre de Dios, que como tal "pasaría a ser la primera parroquia en Estados Unidos de América"[1] bajo la jurisdicción de la diócesis de Santiago de Cuba. En el mismo lugar, en 1797 se dedicó una catedral de estilo español, misma que serviría como centro catequético y como casa de oración para una comunidad católica que incluía afroamericanos, nativos americanos y europeos.

La presencia hispana se da desde un principio y ésta tiene sus propios eventos conjugados con lo que es ya un proceso y una serie de hechos que van conformando la Evangelización de lo que fue el Nuevo Mundo. Entre estos, sin duda que el más significativo es el de las apariciones de Nuestra Señora de Guadalupe, acaecidas el 12 de diciembre de 1531, hecho que marca indeleblemente no sólo el proceso y método de evangelización implementado por las órdenes religiosas presentes en ese tiempo en América Latina, sino también la manera de expresar la fe católica como un tesoro y una impronta que conjuga la fe y la cultura de manera singular.

Esta experiencia del primer contacto con el Evangelio así como el amor por la Virgen de Guadalupe permanecen como un símbolo distintivo de esta cultura que emigra con sus valores y expresión religiosa. La espiritualidad mariana del pueblo latinoamericano no sólo se manifiesta en Guadalupe, sino en la advocación mariana propia de cada pueblo, así tenemos que en República Dominicana la patrona nacional es Nuestra Señora de la Altagracia; en Puerto Rico, Nuestra Señora de la Providencia; en Brasil Nuestra Señora de la Aparecida; y en Colombia, Nuestra Señora de Chiquinquirá, por citar algunos casos.

LAS MISIONES

Cuando Texas y casi todo el actual Suroeste de los Estados Unidos de América eran territorio bajo el dominio de la Corona Española, destacó especialmente la influencia de dos grandes misioneros: Fray Junípero Serra, franciscano; y Francisco Eusebio Kino, jesuita.

La influencia de Fray Junípero Serra (1713–1784) se mantiene hasta nuestros días, no sólo por el testimonio vivo de las nueve misiones que fundó, sino también por los mismos nombres que dio a estas misiones, destacando como su primera misión la de San Diego de Alcalá, misma que fundó luego de cruzar la Alta California. Cabe mencionar que el fundar una misión no consistía en la mera declaración de un campo de evangelización, sino que era todo un centro de desarrollo, que además de evangelización incluía técnicas de agricultura y ganadería; de artes manuales, música, ebanistería, pintura y muchas otras. Era un nuevo estilo de vida que surgía en torno a la misión, lugar en el que también se les cuidaba a los nativos americanos de los abusos cometidos por los conquistadores.

A diferencia de Fray Junípero Serra, Francisco Eusebio Kino (1644–1711) no se encaminó hacia California, sino hacia la costa norte del pacífico mexicano: Sonora, Sinaloa y Arizona, lugares en los que no sólo se le considera misionero, sino también fundador.

Aunque su actividad se desarrolló principalmente en estos estados, el padre Kino también fundó otras misiones en California, puesto que él mismo fue instrumental en el retorno de los Jesuitas a California en 1697. Además, como buen cartógrafo que era, gracias a su recorrido por California, pudo probar que la actual Baja California (México) no era una isla, como se pensaba.

LA REPÚBLICA DE TEXAS

Años después vendrá la independencia de algunos países de América Latina, misma que se consuma en 1821, aunque la guerra por la independencia, como en el caso de México, había comenzado diez años antes. Con la declaración de la independencia de México, el actual Estado de Texas quedaba como la parte norte de México. En el mismo año de la independencia, por diversas circunstancias internas de México, así como por el deseo expansionista de algunos angloamericanos, se le autorizó a Moses Austin introducir 300 familias al territorio texano, familias que se esperaba que procedieran de la actual Louisiana. Dado que la esclavitud ya se había abolido en territorio mexicano, el permiso se da con las condiciones de un decreto de colonización emitido en enero de 1823 que prohibía dos cosas: la introducción de esclavos y la entrada a los no católicos. Ambas cláusulas fueron ignoradas por los angloamericanos que se asentaron en Texas. Tres años más tarde, en 1824 Texas se uniría al estado de Coahuila para formar una sola entidad estatal.

Mientras que el interés expansionista de los angloamericanos continuaba, también continuaban los conflictos políticos y económicos de México y en ese contexto, aludiendo razones de tiranía militar, falta de escuelas, intolerancia religiosa, inexistencia de juicio y la misma unión de Texas con Coahuila, Texas se declara como República independiente el 2 de marzo de 1836. Sin embargo, la vida de esta república dura muy poco y en 1845 se une a los Estados Unidos. Lo que realmente engrandeció la expansión fue la venta de más de la mitad del entonces territorio mexicano, que ahora equivale a casi todo el suroeste de los

Estados Unidos, mediante los tratados de Guadalupe-Hidalgo que se firmaron el 2 de febrero de 1848.

No fueron los hispanos quienes cruzaron la frontera "sino la frontera quien los cruzó a ellos". En este cruce la cultura permanece, y si bien, no como algo estático, sí como algo en cambio y como un espacio en el cual se vive y desarrolla la fe.

Así como es evidente la presencia de la comunidad hispana, también es evidente que no siempre se ha reconocido su presencia. Históricamente hay sitios en los que la presencia hispana no ha sido algo nuevo porque han estado ahí desde siempre. Sin embargo, el único lugar que ha ofrecido ministerio hispano en español de manera ininterrumpida es la catedral de San Fernando, en San Antonio, Texas.

La cuestión social

El hecho de que los hispanos hayan estado aquí por generaciones no les exime de que hayan sido maltratados, explotados y aun ignorados. Cabe señalar que inclusive la misma oficina federal del Censo, al menos hasta 1970, no tenía la categoría Hispanos.[2] Sin embargo, para el censo del año 2000 no sólo existe la categoría sino que se reafirma el crecimiento por medio de las cifras, y por ende, también se proyecta que los hispanos constituirán un gran porcentaje de la población católica.

Las cifras del censo 2000 reportan un total de 35.3 millones de hispanos, de los cuales el 37.5% es menor de 18 años. La población mayor de 65 años representa sólo el 5.3%. De 1970 al año 2000 la población hispana creció un 70%, y de su total, se estima que el 72.6% es católico. Del total de la población católica estadounidense (65 millones), aproximadamente el 39% son hispanos, es decir, unos 25 millones[3]. Aunque los hispanos se encuentran prácticamente en todas partes, los lugares de mayor concentración son: Los Ángeles, Miami, Nueva York, Galveston–Houston, San Berardino, Chicago, Fresno, San Antonio y Orange, California.

Junto a esta avasalladora presencia hay que reconocer el hecho de la emigración indocumentada que muchas de las veces no aparece en las estadísticas oficiales, pero que también marca una presencia notable en la composición social y eclesial de las comunidades.

En el ministerio del orden se estima que hay un total de 2,900 sacerdotes hispanos en los Estados Unidos. De estos, aproximadamente 500 han nacido aquí, y en total, los sacerdotes hispanos constituyen un 6.3 del total de sacerdotes en Estados Unidos. De los 23 obispos hispanos activos, uno es arzobispo, y nueve son ordinarios, mientras que el resto son auxiliares.

La formación del liderazgo

Como fruto de una reunión de 14 obispos reunidos en Oklahoma del 10–12 de enero de 1945, se establece oficialmente la primera oficina dedicada a servir a los hispanohablantes, tomando como sede San Antonio Texas, bajo el entonces arzobispo de San Antonio, Robert E. Lucey. El establecimiento de tal oficina, generó que en algunas diócesis se establecieran concilios católicos para que respondieran a su vez a la misma necesidad de servir a los hispanos. Aun cuando esta oficina se establecía formalmente, ya había lugares en los que se ofrecían servicios en español en distintas partes del país, aunque no necesariamente estaban en proporción a la necesidad. Tal es el caso de Chicago que de 1923 a 1954 concentró todos sus servicios a la comunidad hispana en sólo dos parroquias: Nuestra Señora de Guadalupe y San Francisco de Asís, atendidas por los religiosos claretianos.[4] En Filadelfia, el servicio a los hispanos había comenzado ya en 1915.

En l969 la Conferencia Nacional de Obispos Católicos (NCCB) establece una División para los hispanohablantes, y sería un año después, que esta oficina dejaría de tener sede móvil para luego trasladarse a Washington, D.C., en 1970, año en el que se nombra a Pablo Sedillo como primer director. Cuatro años después, esta División de la Conferencia, se constituirá formalmente como un Secretariado para Asuntos Hispanos, quedando Pablo Sedillo como su primer Director Ejecutivo, sucedido por Ron Cruz en 1992.

El liderazgo laico era algo evidente en los hispanos presentes en Estados Unidos. Lo era desde la experiencia eclesial y social que traían consigo de su experiencia en América Latina. La implementación del Concilio Vaticano II en América Latina hizo florecer este liderazgo notablemente en las bases. Ciertamente la carta magna era el mismo Concilio, pero el Encuentro de obispos latinoamericanos que tuvo lugar en Medellín, Colombia (1968), fue la encarnación de las enseñanzas conciliares para América Latina. Esta nueva manera de concebir la Iglesia, no sólo como orden jerárquico, sino también, como pueblo de Dios, generó escuelas de liderazgo notabilísimas por medio de los grupos, asociaciones y movimientos ya existentes entre la comunidad hispana.

Las Comunidades Eclesiales de Base comienzan a reinventar la Iglesia desde la experiencia de los pobres en diálogo con el Evangelio. Las tradicionales cofradías que habían sido parte de la herencia de los colonizadores, no dejaron de existir en medio del proceso, sino que dentro de ellas mismas surge la nueva modalidad de ser Iglesia. Cabe señalar que las Cofradías no eran sólo un grupo de oración, sino que más bien constituían una extensión de la vida social de la parroquia que organizaba las fiestas litúrgicas y los festivales o fiestas patronales. Estas organizaciones que en su momento y a su modo habían sido escuelas de liderazgo, facilitaron en gran medida el nuevo liderazgo propuesto por el Concilio Vaticano II. Esta modalidad de ser Iglesia la trajeron a Estados Unidos los latinoamericanos

Los diversos movimientos eclesiales funcionaron como escuelas de liderazgo y como comunidades parroquiales en las cuales se fortalece la parroquia. Dentro de estos movimientos, algunos heredados de España (Cursillos de vida cristiana), otros nacidos en Estados Unidos (Hermanos y hermanas de la Familia de Dios, Caballeros de San Juan), se formó una espiritualidad y sentido de pertenencia a la Iglesia. "El movimiento de Cursillos de vida cristiana sirvió como un instrumento de motivación, como una red de comunicación, y una escuela de formación de líderes hispanos en el área de Lubbock, donde hasta la década de los 60 no tenían poder económico o político, y sólo un poco de voz en la Iglesia o la sociedad".[5] De hecho, dos grandes figuras del liderazgo hispano fueron cursillistas César E. Chávez, y el Arzobispo Patricio F. Flores.

Diversos movimientos fueron surgiendo según los grupos étnicos y sus respectivas experiencias eclesiales. Entre ellos el Movimiento Familiar Cristiano, Impactos, Pre-Cana, Encuentros matrimoniales, Jornadas de Vida Cristiana, Renovación Carismática, EVAE (El verdadero amor espera), por mencionar algunos.

A nivel académico el liderazgo no se hace esperar. Allan Deck, S.J., con un grupo de teólogos y teólogas hispanas funda en 1988 la Academy of Hispanic Theologians of the United States (ACHTUS). Dos años más tarde, el mismo padre Allan reuniría otro grupo de líderes laicos y ordenados que se da a conocer bajo el nombre de National Catholic Council for Hispanic Ministry (NCCHM), que toma bajo su cargo la organización de las conferencias Raíces y Alas, cuya primer reunión tuvo lugar en Los Ángeles, en 1992, en el marco del V Centenario del encuentro de dos mundos.

El liderazgo por parte de sacerdotes y religiosas toma su propio ritmo. PADRES (Padres Asociados por Derechos Educativos, Religiosos y Sociales) nació formalmente en 1970 luego de que un grupo de sacerdotes que trabajaban en Texas sirviendo a los méxicoamericanos que vivía en los barrios de San Antonio se reunieron para dialogar sobre los problemas que afectaban a los residentes del oeste de la ciudad: hambre, malnutrición, desempleo, bajo nivel escolar así como problemas relacionados con la Iglesia misma.[6] Desde su primera reunión este grupo contó con la asistencia del entonces padre Patricio Flores, quien a partir del 5 de mayo de 1970 pasó a ser el primer obispo hispano en los Estados Unidos. Entre las convenciones organizadas por PADRES, quizá la más influyente fue la de 1975, llevada a cabo en San Antonio, no sólo porque ya había cuatro obispos hispanos, sino por las propuestas que hacen para toda la Iglesia, entre las cuales destaca la sensibilidad cultural en la formación sacerdotal, la promoción de la justicia y el desarrollo integral en las personas, especialmente en los pobres; el apoyo a la acción social de las organizaciones comunitarias de base, y un apoyo contundente al movimiento sindical iniciado por César Chávez.

Esta misma organización despareció a mediados de la década de los 80 y pasó a ser la Asociación Nacional de Sacerdotes Hispanos (ANSH), que se formaliza como tal en 1990 bajo la presidencia del Jesuita Eduardo Salazar, quien también había sido miembro de PADRES.[7] De entre los sacerdotes que la presidieron, José H. Gómez, pasó a ser el sucesor del Arzobispo Patricio Flores como Arzobispo de San Antonio, Texas, en diciembre de 2004.

Las HERMANAS fue otro movimiento surgido por medio de las mujeres religiosas que a la sazón trabajaban con los méxicoamericanos mayormente. Esta organización nace con motivo de contrarrestar la creciente pobreza en los méxicoamericanos, y tuvieron su primera reunión de organización en 1971. Parte de la problemática de algunas mujeres que formaron parte de esta organización fue la pérdida de su identidad cultural al entrar a la vida religiosa, así que parte de los objetivos de este grupo fue el reencuentro y recuperación de la identidad perdida. El trabajo de esta organización brilló no sólo porque ya había algunas de ellas realizando trabajos a nivel de formación sacerdotal, sino porque también ejercieron presión por medio de su organización y trabajo para que se implementara un lenguaje inclusivo, en las vocaciones y en asuntos concernientes a las mujeres hispanas. Más aún, tomaron la iniciativa de aceptar membresía de mujeres laicas lo cual fue un gesto profético en el deseo de que algún día todas las organizaciones se conjunten en una red de organizaciones que canalice a la Iglesia Católica en Estados Unidos los múltiples dones que traen consigo las comunidades hispanas.

Las organizaciones tuvieron una extensión de su fruto en la fundación de instituciones de formación y sensibilidad cultural, entre ellas el Centro Cultural México Americano (MACC), fundado en 1972, donde el padre de la teología hispana, Virgilio Elizondo, fungió como primer director ejecutivo, sucedido luego por Rosendo Urrabazo, CMF (1987–1993), y actualmente dirigido por María Elena González, R.S.M. Aunque MACC es el primero, no es el único. El Centro de Estudios Pastorales del

Sureste (CEPI), Instituto Tepeyac (El Paso), ICLM (Instituto Cultural del Medio Oeste, South Bend), Fe y vida (Stockton), son una muestra pequeña del creciente liderazgo que surgió a partir de un modelo culturalmente apropiado y de una comunidad que se organiza en torno a sus líderes. Hoy es casi imposible el pensar que no haya una diócesis que no cuente con un instituto de formación para los hispanos.

LOS ENCUENTROS

Una vez establecido el Secretariado para Asuntos Hispanos dentro de la NCCB se convocó el Primer Encuentro Nacional Hispano que buscó una mayor participación de los hispanos a nivel de toma de decisiones y la incorporación de los mismos a las estructuras donde se tomaban las decisiones. Como frutos de este mismo encuentro, el Secretariado trabajó para que en las diócesis se establecieran oficinas de ministerio hispano, no sólo nominalmente, sino con un presupuesto apropiado. En su mayoría la participación en este primer encuentro fue de sacerdotes y religiosas, y la participación laica fue escasa. Tal encuentro contó con la asistencia del único obispo hispano que había en el país, Patricio Flores, entonces obispo auxiliar en San Antonio, Texas.

En 1977 se celebró el segundo Encuentro, en este la participación de los laicos aumentó en un 50%, asimismo, creció el número de obispos hispanos. Entre las conclusiones del segundo Encuentro, vale la pena destacar algunas: los participantes vieron en las Comunidades Eclesiales de Base el futuro de la Iglesia; se decidieron a luchar contra la injusticia dentro y fuera de la Iglesia; reconocimiento de la diversidad de la Iglesia; eliminar la disparidad económica, y también, la motivación y reconocimiento de los líderes laicos dentro de la Iglesia.[8]

La experiencia del Segundo Encuentro se convirtió en una escuela de liderazgo que formó equipos de capacitación con un carácter eminentemente inclusivo. Estos mismos equipos organizaron los equipos locales, que a su vez, prepararon a la gente en la base mediante los grupos y movimientos existentes, además de las visitas puerta a puerta. A fin de implementar un verdadero liderazgo, había que reconocer que "el ejercicio del liderazgo en la comunidad hispana es una tarea difícil y peligrosa que requiere entendimiento de los asuntos únicos que enfrentan los Hispanos en la identificación y aceptación de líderes".[9]

El III Encuentro se realizó en 1985, en él la participación de la base fue notabilísima. Este mismo Encuentro establece el marco de referencia para la formación del Plan Nacional para el Ministerio Hispano, mismo que ofrece prioridades y cursos de acción en el ministerio hispano en distintos niveles. Dicho plan sería aprobado por los Obispos en 1987, mismo que se ha mantenido vigente. Cabe señalar que este mismo plan se respaldó en otro documento emitido en 1986, *Voces proféticas* que detalla "la historia y el proceso de consulta del III Encuentro". El objetivo propuesto por el Plan Pastoral encarna las prioridades y la espiritualidad de la pastoral de conjunto como la nueva manera de ser y promover un nuevo modelo de Iglesia:

> Vivir y promover mediante una pastoral de conjunto un modelo de Iglesia que sea: comunitaria, evangelizadora y misionera, encarnada en la realidad del pueblo hispano y abierta a la diversidad de culturas, promotora y ejemplo de justicia... que desarrolle liderazgo por medio de la educación integral... que sea fermento de Dios en la sociedad.

En el año 2000 se lleva a cabo lo que sería un cuarto encuentro, aunque no se le considera como tal y que tampoco fue exclusivamente de la comunidad hispana. Bajo el lema "Muchos rostros en la casa de Dios", se lleva a cabo en Los Ángeles una reunión nacional "en donde los católicos hispanos fueron los anfitriones, participaron más de 5,000 líderes de la Iglesia representando a 150 diócesis y a las 157 nacionalidades y grupos diferentes". Dos años más tarde, se presenta el documento que fue fruto del *Encuentro 2000 Encuentro y misión: un marco pastoral renovado para el ministerio hispano*, a la NCCB para su aprobación. En ese mismo año se implementó.

Dos cartas pastorales

Hasta la fecha la NCCB ha emitido dos cartas pastorales en lo que a la Comunidad Hispana se refiere. La primera, en 1982, *Los obispos hablan con la Virgen: carta pastoral de los Obispos Hispanos de Estados Unidos*. "Esta presenta el mensaje de nuestro peregrinaje a lo largo de la historia, la realidad hispana y su papel de artesanos de una nueva humanidad, valor, y esperanza".

El 12 de diciembre de 1983 se publica la carta pastoral *La Presencia hispana: esperanza y compromiso*. Aunque la Carta señalada convoca a lo que fue el III Encuentro, ésta se pronuncia como un documento muy pastoral y de acogida para la comunidad hispana, no como un problema a resolver, sino como una fuente de enriquecimiento: "En este momento de gracia reconocemos que la comunidad hispana que vive entre nosotros es una bendición de Dios. Exhortamos a todas las personas de buena voluntad a que compartan nuestra visión de los dones especiales que los hispanos traen al Cuerpo de Cristo, su Iglesia peregrina sobre la tierra (1 Corintios 12:12–13).[10]

Notas

1. Roman Catholic Diocese of Saint Augustine, "Catholicism in Florida", Charles Gallagher, S.J., November 2005. http://www.dosafl.com/index.php?page=history/historical_overview.

2. Joan Moore, "The Social Fabric of the Hispanic Community since 1965", en *Hispanic Catholic Culture in the U.S. Issues and Concerns*, ed. Jay P. Dolan and Allan Figueroa Deck, S.J., (Notre Dame: UNDP, 1994), 6.

3. Paquete de prensa impreso por el Secretariado de Asuntos Hispanos de la United States Conference of Catholic Bishops. Washington, DC. 2000. Todos los derechos reservados.

4. Arquidiócesis de Chicago, Reporte sobre el apostolado hispano, julio de 1988, página 13.

5. Edmundo Rodríguez, "The Hispanic Community and Church Movements: Schools of Leadership", en *Hispanic Catholic Culture in the U.S. Issues and Concerns*, ed. Jay P. Dolan and Allan Figueroa Deck, S.J., (Notre Dame: UNDP, 1994), 218.

6. Ibid., 224.

7. Ibid., p. 226.

8. Moisés Sandoval, "The Organization of a Hispanic Church", en *Hispanic Catholic Culture in the U.S. Issues and Concerns*, ed. Jay P. Dolan and Allan Figueroa Deck, S.J., (Notre Dame: UNDP, 1994), 145.

9. Marina A. Herrera, "The Context and Development of Hispanic Ecclesial Leadership", en *Hispanic Catholic Culture in the U.S. Issues and Concerns*, ed. Jay P. Dolan and Allan Figueroa Deck, S.J., (Notre Dame: UNDP, 1994), 194.

10. United States Conference of Catholic Bishops, *La presencia hispana: esperanza y compromiso* (Washington, DC: USCCB, 1983), 41.

El mundo en guerra: Europa en el siglo XVII

Con los emocionantes acontecimientos que tenían lugar en el Nuevo Mundo, era fácil perder la huella de lo que estaba sucediendo en Europa, desde donde jesuitas, franciscanos y dominicos emprendieron la predicación de la Buena Nueva. Los tiempos en Europa eran difíciles; cuando la Iglesia Católica emergió del Concilio de Trento con renovada vida y vigor, estaba dispuesta a afrontar al protestantismo, un oponente serio. Luteranos y calvinistas ya no eran considerados como hijos extraviados, sino como enemigos acérrimos. El luteranismo y el calvinismo, también, adquirieron fuerza hacia mediados y finales del siglo XVI. Las escaramuzas y los conflictos fueron tan inevitables como las peleas entre dos matones. En el tiempo de Lutero, la primera ola de conflictos en Alemania había terminado en una tregua, *cuius regio, eius religio* ("de acuerdo a la región, sea su religión"). Pero, desafortunadamente, la Paz de Ausburgo en 1555 fue el inicio, más que el final, de un sangriento conflicto entre católicos y protestantes que continuó por un siglo.

Casi en cuanto Ausburgo dio pie a los conflictos alemanes, se iniciaron las guerras de religión a lo largo y ancho de Francia. La guerra abierta entre los calvinistas franceses, llamados hugonotes, y los católicos comenzó en 1562 y continuó intermitentemente por más de cuarenta años. Numerosos conflictos fueron causados por la sucesión monárquica: con Catalina de Médicis actuando como cabeza de la Liga Católica y como regente sobre su hijo, el rey niño, Carlos IX, y, por la parte contraria, con Enrique de Navarra, primo del rey, dirigiendo a los hugonotes. Enrique heredó el trono en 1598 y se convirtió al catolicismo para llegar a ser el rey Enrique IV, pero rápidamente protegió los intereses de sus antiguos compatriotas hugonotes. Emitió el Edicto de Nantes en ese mismo año, garantizando tolerancia, libertad y autogobierno para los hugonotes en los territorios del sur y del occidente de Francia. Católicos muy conservadores, llamados ultramontanos, porque buscaban "más allá (ultra) de las montañas (montane)" el liderazgo de Roma, no confiaron en la conversión de Enrique al catolicismo, y éste fue asesinado en 1610 por un estudiante católico. Aun con la declaración de tolerancia, continuó el amargo conflicto entre protestantes y católicos.

En los territorios alemanes siguió la inestabilidad política entre los príncipes protestantes y católicos. Aun cuando había pequeños combates abiertos, cada lado buscó constantemente superar o vencer al otro políticamente, esperando inclinar la balanza de poder decisivamente en un sentido o en otro. En 1618, el rey de Bohemia, uno de los electores designados del Emperador alemán cambió su reino, del lado católico al protestante. Los católicos tomaron las armas por temor a que esto fuera lo que faltaba para inclinar la balanza hacia la causa protestante. La tensión entre protestantes y católicos en Europa era tan fuerte que este conflicto alemán local inició la chispa de la guerra religiosa que se extendió por toda Europa.

La guerra conocida como de los Treinta Años, , fue quizá la primera "guerra mundial" en la historia europea. Aun cuando casi toda la guerra y casi toda la devastación ocurrió en los territorios alemanes, el conflicto tocó todos los "superpoderes" del siglo XVIII; la rica España intervino en ayuda del lado católico, como otro actor en el escenario europeo, y la Suecia luterana intervino en los negocios europeos en ayuda de los protestantes. A pesar de que la guerra continuó durante treinta años, terminó en un impasse. La paz de Westfalia en 1648 estableció el principio de tolerancia alemán *cuius regio, eius religio* como norma de ley en toda Europa, no obstante las objeciones del Papa Inocencio X en torno a ciertas cláusulas del tratado, las cuales eran ofensivas para la fe católica. Los príncipes de Europa, protestantes y católicos, por igual, cansados de años de guerra prefirieron la paz y la tolerancia al desafío o la obediencia. La estabilidad llegó a importar más que la verdad. De este modo se sostuvo la paz.

Del ímpetu a la inercia: la Iglesia Católica en vísperas de la revolución

Los dos siglos posteriores al Concilio de Trento atestiguaron la renovación de la confianza de la Iglesia Católica en su misión e identidad. En el continente europeo, el catolicismo enfrentó al protestantismo como un adversario que debía ser combatido y, en lo sucesivo, ya no lo subestimaría. Al mismo tiempo, la colonización en el Nuevo Mundo ofreció a la Iglesia un cauce a su acción evangelizadora. Golpeada y sacudida un poco, después de entablar violentas guerras de religión en su interior, la Iglesia regresó al campo de misión y esto representó un fresco comienzo y un nuevo horizonte en donde surgieron muchas sociedades religiosas comprometidas con las misiones: los franciscanos, los dominicos y los jesuitas, sólo por nombrar algunos.

Nos hemos concentrado particularmente en los jesuitas durante esta época, no para decir eran los únicos en esta labor (de hecho no lo eran), sino porque la Compañía de Jesús, en su constitución y en su espiritualidad, encarnó el espíritu de la Iglesia tridentina de una manera clara y distinta. Podría ser apropiado que terminásemos la historia de esta era con el primer fin de la orden jesuita. A mediados del siglo XVIII, la Compañía de Jesús representó una vasta red de poder e influencia, esparcida por todo el mundo conocido. En un mundo subdividido en esferas de influencia política manejadas por monarcas absolutos, únicamente los jesuitas parecían trascender los límites y extender su influjo clandestino allende las fronteras.

Por supuesto, el poder levanta sospechas, y si la observación de Lord Acton de que el poder corrompe es correcta, entonces tales sospechas se justificaban. Cualesquiera que hubiesen sido los méritos, esas sospechas provocaron el desplome de los jesuitas en 1759, cuando la corte de Portugal expulsó a la orden de su territorio. Francia hizo lo mismo en 1764, y finalmente España, también, rechazó la compañía de sus hijos nativos en 1767. La prohibición se hizo extensiva a toda la Iglesia Católica mediante un decreto de abolición formal del Papa Clemente XIV en 1773. Todas las actividades jesuitas –escuelas, misiones, parroquias locales y extranjeras– debían ser clausuradas o entregadas al obispo local. Sólo los "déspotas ilustrados" del Este de Europa –Federico II de Prusia y Catalina la Grande, de Rusia– se atrevieron a desafiar la prohibición papal, más por desdén hacia el Papa que por un sincero interés en la supervivencia jesuita. Fue abandonada la vanguardia del catolicismo tridentino, cortada por los poderes católicos de Europa y por los del Nuevo Mundo, abandonada y casi sin fuerzas en un lejano extremo oriental de Europa.

Este es quizá el lugar y el momento apropiados para terminar este capítulo. Aun cuando la Compañía de Jesús fue eventualmente exonerada y restaurada a principios del siglo XIX, se había perdido el ímpetu de la Contrarreforma que ésta llevó hasta los confines de la tierra durante los dos siglos anteriores. Los líderes de la Ilustración formados con los jesuitas, como Voltaire, fueron quizá los primeros en abrir el fuego que puso a la Iglesia Católica a la defensiva. Los jesuitas restaurados, quienes de nuevo volvieron a la carga, fueron destinados frecuentemente a defender los baluartes de la Iglesia cuando las revoluciones se esparcieron por el mundo en los siglos XVIII y XIX.

Para reflexionar

1. ¿Cómo equilibras la acción y la contemplación en tu vida? ¿Qué significa para ti ser un "contemplativo en la acción" como los jesuitas?

2. Recordando a Mateo Ricci: ¿cómo expresarías la fe a otros que no comparten tu cultura?

CAPÍTULO 6

La fe en una era de revoluciones

A pesar de que la Iglesia estuvo a la vanguardia de las misiones en el Nuevo Mundo, esto no significó que estaba enteramente a favor del progreso. De cara a ciertas revoluciones, intelectuales y políticas, desde el siglo XVII hasta el XX, la Iglesia Católica, con razón o equivocadamente, ha resistido frecuentemente a las fuerzas del cambio que la confrontan.

La Iglesia y la revolución científica

Probablemente, la primera de estas grandes revoluciones modernas que afrontó la Iglesia católica tridentina fue la revolución científica. El conflicto entre Galileo Galilei y las autoridades católicas a principios del siglo XVII es de sobra conocido. Pero las raíces de este conflicto pueden remontarse a la era de la Reforma, en la persona de Nicolás Copérnico (1473–1543).

Copérnico, de origen polaco, fue un católico que vivió en la zona rural de Polonia. La astronomía fue para él un ejercicio religioso, una disciplina espiritual, un medio por el cual escuchaba la armonía de la creación de Dios. Sus años de trabajo lo llevaron a afinar la teoría de la estructura del universo. Por razones científicas y teológicas, los científicos cristianos habían apoyado la antigua teoría de Aristóteles de un universo geocéntrico –un universo en el cual la tierra estaba en el centro y los planetas y estrellas giraban en torno suyo. Copérnico podía demostrar matemáticamente que la evidencia indicaba algo distinto: el sol, no la tierra, estaba en el centro. Esta era la teoría heliocéntrica ("centrada en el sol"), muy controvertida en su época, algo que Copérnico sabía. Por eso postergó la publicación de su libro casi hasta el final de su vida y, según se cuenta, recibió la copia del primer ejemplar impreso en su lecho de muerte. Cuando finalmente su trabajo fue publicado, católicos y protestantes por igual, condenaron su obra como herética.

Galileo Galilei (1564–1642) no fue el primero en sufrir juicio y condenación por apoyar y defender la tesis copernicana, pero ciertamente sí fue el más famoso. El problema central era, obviamente, si la teoría copernicana era correcta o no. Galileo supuso que había demostrado su verdad experimentalmente mediante el uso del telescopio. Sus descubrimientos iniciales fueron publicados en una obra titulada *Mensajero estelar* en 1610. Esta obra y las que siguieron suscitaron un debate sobre la teoría de Copérnico, pero, aún más, acerca de la función de la Biblia en la investigación científica, acerca de la relación entre la verdad teológica y la verdad científica, y acerca de si la verdad es siempre observable (por ejemplo, si un fenómeno importante como el giro de la tierra puede ser verdad aun cuando no podamos sentir o ver su movimiento).

Se trataba de un espinoso problema y aun cuando sabemos que el modelo de Galileo es más apropiado que la visión geocéntrica, la comprobación no estaba al alcance de ninguno de los que entablaron la disputa en aquella época. Los defensores del geocentrismo podían apoyar su argumentación en los datos que se obtienen por la simple observación. Por otra parte, como recientemente la Iglesia Católica ha indicado, el juicio de Galileo implicó varios errores de los representantes eclesiásticos; los funcionarios de la Iglesia no eran absolutamente estúpidos, autoritarios o perversos. Según parece, fueron sorprendidos en la frontera de un nuevo escenario intelectual, un mundo nuevo marcado por las innovaciones teóricas y tecnológicas como el telescopio y el método experimental. Después de controversias intermitentes que se prolongaron por veinticinco años, las teorías de Galileo fueron condenadas en 1633. Después, fue sometido a prisión domiciliaria y así permaneció por el resto de su vida. Murió en 1642.

Disparos en todas partes: revolución en Francia y Estados Unidos

El inicio de la Época Moderna fue también un tiempo de grandes revoluciones políticas, en la que los estadounidenses llevaron la delantera. La revolución estadounidense no parece haber influido mucho en la historia de la Iglesia Católica, al menos no en su momento.

El Imperio Británico no era católico, y la insurrección colonial de Washington, Franklin, Adams, Jefferson y otros, puede ser vista simplemente como un asunto de política imperial interna. Mientras que pocos de los firmantes de la Declaración de Independencia eran católicos (por ejemplo, Charles Carroll, de Maryland, lo era), su fe católica difícilmente entró en su práctica política.

Pero la revolución estadounidense es un parte aguas en la historia política e intelectual de la civilización occidental. Esa revolución representa los "primeros frutos" políticos del movimiento intelectual que se denominó a sí mismo como la Época de la Ilustración. Esas acciones políticas concretas basadas en los principios de la Ilustración pusieron en movimiento la era de las revoluciones, de tal modo que aun cuando ya habían muerto pensadores ilustrados como Jefferson, el ideal revolucionario había sobrevivido y se había esparcido. La auto-proclamada "Ilustración" era un movimiento intelectual que comenzó en los primeros años del siglo XVIII y alcanzó su ápice en las décadas de 1770 y 1780. Emmanuel Kant, uno de los filósofos más influyentes del movimiento, definió la Ilustración como "el surgimiento del hombre desde su inmadurez auto impuesta". Para Kant, las instituciones como las Iglesias cristianas substituían con la tradición y el dogma a la razón e investigación, y así ocasionaban que los individuos permanecieran inmaduros, negándose a pensar por sí mismos. Kant consideró imposible creer que cualquier credo o doctrina transmitida en una tradición pudiese ser investida de autoridad por parte de gente racional, puesto que esto les impediría progresar en su entendimiento.

La Ilustración confrontó la autoridad de la tradición con la que debía ser la autoridad opositora o superior: la razón. Las religiones tradicionales, las instituciones políticas como la monarquía, la autoridad legal, de la costumbre local, etcétera, todo debía ser examinado por el filo crítico de la razón humana.

La Iglesia Católica, una de las instituciones que más se centran en la tradición, se convirtió naturalmente en un blanco de ataque para esos pensadores en el continente europeo.

La revolución estadounidense, por tanto, representó el primer intento de reunir las ideas de la Ilustración para arrebatar la autoridad de una monarquía tradicional y establecer un nuevo gobierno basado en principios racionales. Los principios del experimento estadounidense no estaban fundamentados en una autoridad real dada o en una institución apoyada por quinientos años de ensayo y error, sino más bien en declaraciones sobre derechos humanos inalienables, democracia, separación de Iglesia y Estado y un gobierno de poderes racionalmente equilibrados. Mientras que los fundadores estadounidenses se formaron en los clásicos y en las primeras teorías políticas modernas, la suma total era nueva, un poco alejada respecto a hipótesis comunes sobre la naturaleza de la tradición y de la autoridad.

Aun cuando la revolución estadounidense tuvo un pequeño efecto directo en el catolicismo, aquella puso en movimiento el espíritu revolucionario. La Revolución Francesa de 1789 siguió los talones a la Independencia de los Estados Unidos de América y declaró un nuevo gobierno fundamentado en principios similares a los estadounidenses. El pensamiento político francés antes de la revolución no había intentado separar la religión de la política o, más específicamente, el catolicismo de la política. El rey Luis XIV revocó el Edicto de Nantes que su predecesor había emitido para proteger a los protestantes, así sólo los católicos tenían el derecho de ser considerados sujetos políticos para la corona. Los consejeros más influyentes de los reyes borbones eran hombres de la talla de los cardenales Richelieu y Mazarino, y los representantes del Estado, el cuerpo de consejeros del rey francés se dividió en tres cámaras separadas (algo así como la cámara y el senado estadounidense): el clero, la nobleza y los plebeyos. La Iglesia católica era parte del *ancien regime*, el antiguo régimen social y de gobierno contra el cual actuó la revolución.

Las primeras acciones revolucionarias en relación a la Iglesia parecían inofensivas y, en gran parte, estaban dirigidas a corregir algunos de los abusos ("querella formal") en la burocracia eclesiástica. Pero la toma de la Bastilla el 14 de julio de 1789, fue el inicio de una fase de cambio más radical. En 1790, la Asamblea Nacional –el gobierno revolucionario– había formado una comisión dirigida por un obispo para reformar la jerarquía eclesiástica. El resultado fue la Constitución civil del clero, la cual hizo esencialmente de la Iglesia un departamento del gobierno nacional. El papa fue relevado de su jurisdicción sobre la Iglesia francesa, aun cuando la constitución afirmaba que ésta debía permanecer en comunión con él. Así, el gobierno no sintió necesidad de consultar con Roma acerca de si el clero francés podía realizar el juramento de la constitución civil. Muchos así lo hicieron y formaron lo que se conoció como la Iglesia constitucional; muchos otros, en cambio, eligieron permanecer ultramontanos, leales únicamente al papa. La Iglesia francesa vivió el cisma por diez años a causa de este problema.

Lamentablemente, esto era sólo la punta del iceberg de la aflicción de la Iglesia. La revolución progresó y se hizo más y más radical, culminando en El Terror. Sus jefes emprendieron una campaña activa para eliminar la religión cristiana o cualquier "superstición" y remplazarlas con un culto a la divina razón o con una especie de religión racional que honraba al ser supremo. La gran catedral de Notre Dame en París se convirtió en un templo de la razón. Las iglesias constitucionales y ultramontanas estuvieron bajo ataques; pero ambas de algún modo sobrevivieron. En Francia (conocida como la "hija mayor de la Iglesia"), el catolicismo parecía lo suficientemente enraizado como para ser extirpado por la ideología radical. Pero, aun así, ambas Iglesias se vieron forzadas a servir al pueblo francés en secreto, puesto que el espíritu anti católico, anti religioso de la revolución seguía con fuerza entre la elite gobernante.

La Iglesia pudo emerger de las sombras sólo cuando Napoleón Bonaparte asumió el poder y dio estabilidad y orden a una sociedad convulsionada por una década de revolución. Napoleón sabía que la religión podía servir para unificar al pueblo, y, por tanto, negoció con Roma para reunificar las Iglesias constitucional y ultramontana en los términos más o menos dictados por él. Napoleón se convirtió en cabeza de la Iglesia francesa, y todas las propiedades de la Iglesia confiscadas por el Estado durante la revolución quedaron en sus manos. El papa tuvo que aceptar esto a regañadientes, pues, a cambio, la Iglesia estaba de nuevo en comunión con Roma. La Iglesia Católica había sobrevivido la Revolución, pero el rostro del catolicismo francés quedó transformado para siempre.

LIBERALES Y ULTRAMONTANOS: EL CATOLICISMO FRANCÉS COMO CASO DE PRUEBA

El efecto de la revolución francesa no se sintió únicamente en Francia; el espíritu revolucionario se extendió por el continente europeo y, en cierta medida, a Inglaterra. El historiador Norman Cantor sitúa a la francesa entre las cuatro grandes "revoluciones mundiales" en la historia occidental, debido a su efecto duradero en la mente europea. Cubrir todos los países y todas las áreas donde esta influencia revolucionaria tocó al catolicismo requeriría mucho más tiempo y espacio en este capítulo. Por lo mismo, en el capítulo anterior elegí a los jesuitas para mostrar el mejor ejemplo de la Contrarreforma de los siglos XVII y XVIII. Ahora, voy a centrarme primero en Francia y luego en Estados Unidos de América para señalar con ello a dos países que fueron fuertemente afectados por las revoluciones de fines del siglo XVIII.

El surgimiento de Napoleón dejó a la Iglesia francesa en una posición extraña: era al mismo tiempo conservadora (en apoyo al nuevo Imperio Napoleónico) y revolucionaria (en la medida en que estaba legalmente separada de la autoridad romana). Cuando intentaba mantenerse a flote en medio de la tempestad de revoluciones o cambios de poder, el catolicismo francés luchó para llegar a un equilibrio entre las condiciones de su fe y su relación con el orden político. Dos respuestas se dieron a la ambigüedad de este oscuro limbo: el catolicismo liberal y un renovado ultramontanismo.

Paradójicamente, ambas respuestas pueden resumirse en una persona, Hugo Felicidad Roberto de Lamennais (1782–1854). En la primera etapa de su vida pública, Lamennais se asoció con un grupo de católicos reaccionarios guiados por un escritor de nombre Joseph de Maistre. Éste atribuyó todo el mal de la sociedad a la Revolución Francesa, según la cual los derechos individuales daban a cada persona licencia para hacer todo lo que deseara, sin respeto al orden moral. Lo único relevante de esta infección revolucionaria podría venir de un retorno a la autoridad –en asuntos de política, los monarcas legítimos y en asuntos de religión, la Iglesia de Roma–. Como puede notarse al comienzo, Lamennais apoyaba la integración del monarquismo y del ultramontanismo.

Sin embargo, pronto decidió que la monarquía no era una fuente confiable de autoridad y apostó por el ideal revolucionario de la libertad. Como lo ha enseñado el historiador Alec Vidler, su estrategia cambió del intento por exorcizar la revolución al intento por bautizarla. Para Lamennais, esto era totalmente congruente: si la monarquía era un peligro para la verdadera fe y no un aliado, ¿por qué liberar al catolicismo de la monarquía y dejar que la fe creciera sin obstáculos en un Estado en el cual debía ser protegida la libertad religiosa? Pero Lamennais y su movimiento fueron rechazados por los obispos, y cuando apelaron a Roma, encontraron a Gregorio XVI, sintiéndose amenazado por la actividad revolucionaria en sus propios estados pontificios, poco dispuesto a escuchar su caso. En la encíclica *Mirari vos*, de 1832, el papa condenó abiertamente el movimiento liberal católico.

Puede parecer extraño que Lamennais formara parte de los movimientos liberal y ultramontano, pero esto podría explicarse por el ambiente posrevolucionario de Francia en las décadas de 1830 y 1840. La revolución había cortado los lazos que unían al Estado con la Iglesia Católica. Para los católicos liberales esta era su gran oportunidad: con un Estado totalmente secularizado, la Iglesia podría florecer libremente en un mundo en que sus libertades habían de ser protegidas. Por otra parte, la secularización del gobierno presionó a los ultramontanos a buscar cada vez más la espiritualidad y la autoridad legítima en Roma. Ambas partes coincidían en la separación de la Iglesia del actual régimen. Esta intranquila alianza de liberales y ultramontanos sobrevivió hasta 1848, cuando la revolución golpeó de nuevo a Francia y se esparció por toda Europa.

Pío IX: reforma y reacción

Las revoluciones de 1848 probaron ser un momento crucial para el catolicismo en el siglo XIX. En las décadas de 1830 y 1840, cuando la Iglesia intentaba vivir de nuevo en el marco de la Revolución francesa, iba prevaleciendo un liberalismo moderado. En efecto, Giovanni Mastai-Ferreti, un conocido simpatizante de los nacionalistas liberales en Italia, fue electo papa en 1846, tomando el nombre de Pío IX o "Pío Nono", como se le llamó afectuosamente. El conservador Roberto Wilberforce se quejó del "peligroso estado en que vivimos" a principios de 1848, con un "papa radical que enseñaba la rebelión por Europa". Los nacionalistas italianos abrigaban la idea de una Italia unificada en una federación democrática bajo Pío IX. El liberalismo católico parecía ser la filosofía imperante.

Sin embargo, todo esto cambió en la primavera de 1848, cuando la revolución irrumpió a lo largo del continente europeo. En Italia, los nacionalistas lucharon contra el ejército austriaco en un esfuerzo por obtener la independencia y unificar a Italia en una nación. No obstante, Pío IX por ser papa no tendría el lujo de elegir entre un catolicismo soberano imperante, y los revolucionarios italianos. Casi de la noche a la mañana la popularidad del papa colapsó. En los Estados pontificios e, incluso en Roma, el clamor y la hostilidad en su contra fueron tan grandes que tuvo que huir de Roma para poner a salvo su vida. Cuando finalmente las tropas austriacas reprimieron a los nacionalistas, Pío IX regresó a Roma totalmente cambiado. Acrisolado por el enojo del nacionalismo liberal, el papa de algún modo volvió la espalda al liberalismo: por el resto de su largo pontificado se dedicó a la centralización de la autoridad eclesial y la promulgación de dogmas —entre ellos, el de la Inmaculada Concepción de María el 8 de diciembre de 1854 y la Infalibilidad papal en 1870.

El cambio reaccionario de Pío IX es quizá ejemplificado plenamente en su encíclica *Quanta cura*, de 1864, en la que condena al liberalismo, socialismo, comunismo y secularismo. Estos cuatro, dijo Pío, representan todos los males sociales de la época. La encíclica misma condena los movimientos en su forma más genérica, pero a este escrito se le anexó una lista (*Syllabus*) de errores que especificaba conceptos y prácticas particulares que plasmaban las cuatro filosofías reprobadas. Entre los principios condenados estaban la separación de la Iglesia y el Estado, la libertad de prensa y la libertad de religión. Todas estas condenas fueron sintetizadas en la última declaración en el *Syllabus*, la cual descartaba que "el Romano Pontífice pueda y deba alcanzar acuerdos con el progreso, el liberalismo y la civilización moderna". Pío IX no firmó el *Syllabus*, de modo que no se le ubica en la categoría de doctrina definitiva. Pero su mensaje era suficientemente claro.

Poco después de la publicación del *Syllabus*, Pío IX anunció su intención de convocar un Concilio general. Inicialmente, los católicos liberales se mostraron complacidos y hasta aliviados, pues creían que debían corregirse las injusticias y errores en las declaraciones del papa. Sin embargo, pronto quedó claro que esto no habría de ser parte de la agenda del Concilio. Justo después de convocar al Concilio Vaticano I, fue emitido un documento en Roma que señalaba que el único propósito del Concilio sería el declarar el dogma de la infalibilidad papal. Los católicos liberales eran minoría; ellos estaban dispuestos a debatir el asunto y moderar el lenguaje empleado para definir lo que era la infalibilidad, pero no la impedirían. Casi sesenta obispos dejaron el Vaticano y regresaron a sus diócesis antes del voto final. Cuando el voto debió emitirse, 553 obispos apoyaban la declaración; sólo dos votaron en contra.

Pío IX ocupó la sede de Pedro más tiempo que todos sus predecesores –un total de treinta y un años. A pesar de haber sido despreciado por los católicos liberales de Europa, nunca dejó de apoyar a los "creyentes comunes". Fue un personaje carismático, cuya presencia, de acuerdo a John Henry Newman, era "mágica". Combinó una afabilidad simple con la genuina piedad y humor cálido; recibió en numerosas audiencias a toda clase de visitantes en Roma. Esta calidez y generosidad parecían difícilmente compatibles con su apasionado conservadurismo y proclividad a la condena. Quizá Pío IX mismo sabía esto. Al final de su pontificado, muy cerca de su muerte, señaló:

> Espero que mi sucesor esté tan unido a la Iglesia como yo lo he estado y tenga un deseo vehemente de hacer el bien. Por otra parte, he visto que todo ha cambiado; mi sistema y mi política tuvieron su época, yo soy demasiado viejo para cambiar el curso. Esa será la tarea de mi sucesor.

Estados Unidos de América y el americanismo

Entre aquellos obispos que dejaron el Concilio sin votar por la infalibilidad estaban varios obispos estadounidenses prominentes, principalmente el Arzobispo Peter Kenrick de St. Louis. Kenrick, además de ser obispo, era un estudioso, y mientras estaba en Roma compuso dos folletos que cuestionaban los argumentos a favor de la infalibilidad, aduciendo a la enseñanza tradicional de la Iglesia. El catolicismo había tomado su propio carácter en los Estados Unidos, donde se vivía y se trabajaba por necesidad en el sistema constitucional condenado precisamente por Pío IX. Esta experiencia dio al catolicismo estadounidense un sentido particular de identidad y, eventualmente, llevó a algunos católicos estadounidenses al borde de la excomunión.

Al principio, en los Estados Unidos, la fe católica era la religión de una minoría más o menos silenciosa de ciudadanos que no pesaba significativamente en la política pública. Sin embargo, cuando los emigrantes europeos arribaron a las costas estadounidenses, trajeron consigo su fe y herencia católicas. Entre 1790 y 1860, el número de católicos en Estados Unidos de América creció de treinta y cinco mil a más de tres millones. A partir de 1820 aproximadamente, el catolicismo adquirió mucha presencia pública en la mayoría de las ciudades de los Estados Unidos como la religión de la clase trabajadora inmigrante. Lamentablemente, su presencia no siempre fue bien recibida. En la década de 1830 se publicó una serie de panfletos y libros anticatólicos, los que fueron difundidos por todo el país. Las poblaciones católicas emergentes apenas sí respondieron; en un esfuerzo por defenderse de esta propaganda, se fundaron muchos de los principales periódicos diocesanos. Para los anticatólicos "nativos" (en contra de la lealtad a Roma), los católicos eran traidores del país por el único hecho de su alianza con el papa; un "poder extranjero". Muchos hablaron de una trama clandestina con el supuesto apoyo y dirección del papa, para invadir y conquistar el valle del Mississippi. Las tensiones eran altas y se veía inevitable un conflicto violento.

En la década de 1840 estalló el tumulto en muchas de las principales ciudades industriales habitadas por la clase trabajadora católica. Un tumulto en Filadelfia, en el verano de 1844, tuvo como resultado una gran cantidad de muertos católicos y protestantes; gran parte de la ciudad fue incendiada. En Louisville, Kentucky, el 6 de agosto de 1855, llegó a ser conocido como lunes sangriento, luego de que católicos y "nativos" chocaran entre sí. Se reportaron veinticinco muertos y cientos de heridos. Cuando los rumores de la actividad de los "nativos" alcanzó el norte en Nueva York, el Arzobispo John Hughes exigió un encuentro con el alcalde de la ciudad y advirtió: si un templo católico era quemado, toda la ciudad sería incendiada. "Podemos protegernos a nosotros mismos", dijo, "Vengo a advertirle, por su propio bien". La actitud desafiante de Hughes pudo no ser el mejor ejemplo de "presentar la otra mejilla", pero sí fue eficaz. Se canceló una reunión de nativos en el Ayuntamiento, y se disipó la violencia.

El anticatolicismo realizó eventualmente su propia campaña política. El partido nativo americano se formó en 1843 con el intento de excluir a los católicos de cualquier cargo público, tomando para ello otras medidas a fin de limitar la influencia del "poder extranjero" en la vida estadounidense. El partido se asoció a una sociedad secreta llamada la orden de los *Star*

Spangled Banner, cuyo slogan favorito fue la directriz de George Washington: "Pon sólo a estadounidenses en guardia esta noche". Las prácticas secretas del partido les ganaron el apodo de los "Know-Nothing" (desconocedores). Los "Know-Nothing" montaron una campaña presidencial en 1856, con el ex Presidente Millard Fillmore a la cabeza de su boleta. La vida política de los "Know-Nothing" terminó con la guerra civil, pero su legado se sigue sintiendo en otra sociedad secreta, el Ku Klux Klan.

Esta experiencia de hostilidad y persecución llevó a los católicos estadounidenses a convertirse en "súper-patriotas", intentando probar que los católicos podían ser excelentes ciudadanos. Muchos católicos combatieron y murieron en la guerra civil. A principios de la década de 1830, Alexis de Tocqueville, el astuto observador de la vida de los estadounidenses, concluiría que los "católicos en Estados Unidos eran al mismo tiempo los sumisos creyentes y los ciudadanos más independientes". Los dirigentes de la Iglesia Católica estadounidense a finales del siglo XIX crecieron con esa doble identidad. Por necesidad, muchos católicos fueron forzados a ser del tipo de liberales que Pío IX condenó en Francia. Pero los estadounidenses, inicialmente, atrajeron muy poca atención sobre ellos, al menos hasta el fin del siglo y hasta la así llamada controversia del americanismo.

La controversia se dio a conocer por parte de uno de los pensadores católicos más creativos. Isaac Hecker (1819–1888) nació y creció en una familia influenciada por el movimiento americano trascendentalista: un misticismo de orientación individualista representado por Ralph Waldo Emerson. En 1844, Hecker se convirtió al catolicismo y pronto se hizo sacerdote en la orden redentorista. Sin embargo, Hecker avizoró una nueva orden de sacerdotes cuya espiritualidad y ministerio debían adecuarse a las necesidades y sensibilidad de los estadounidenses contemporáneos. Fue así que fundó la congregación de los sacerdotes Misioneros de San Pablo apóstol, o los Paulistas, con ese proyecto en mente. El catolicismo de Hecker era ortodoxo y apoyaba la decisión del Vaticano I respecto a la infalibilidad del papa, pero equilibró esta idea de autoridad con una confianza profunda en la actividad y la guía del Espíritu Santo en cada persona, y en la difusión del Evangelio. También afirmó el valor de la democracia y la libertad religiosa en el contexto estadounidense.

La espiritualidad activista de Hecker, el individualismo, el acercamiento positivo a la democracia y a la libertad religiosa encontraron eco en los prominentes líderes del catolicismo estadounidense a finales del siglo XIX. El arzobispo John Ireland, de Saint Paul, Minnesota; el obispo John J. Keane, rector de la Catholic University of America; monseñor Denis O'Connell, rector del American College de Roma; y el cardenal de Baltimore, James Gibbons; todos ellos buscaban medios más eficaces para adaptar el catolicismo a la cultura estadounidense y para "americanizar" la población católica inmigrante. Muchas de sus acciones parecían conservadoras, demasiado conciliadoras con el sistema estadounidense y algunos líderes fueron censurados o presionados para desistir de sus posiciones. El primer comentario que Roma, al parecer, dirigía al catolicismo estadounidense no era precisamente favorable.

La situación llegó a su punto culminante después de la muerte de Hecker, acaecida en 1888. En 1897 se publicó su biografía en Francia. La introducción francesa a la biografía alababa a Hecker como el sacerdote modelo, del futuro: más activo que contemplativo, más presente en las calles que en el claustro. La edición francesa de este texto fue llevada a Roma y, junto con algunos documentos tomados de O'Connell y Keane, fue sometida a una investigación de la curia bajo el mote de "americanismo". En 1899, León XIII, sucesor de Pío IX, emitió una carta apostólica, *Testem benevolentiae* que condenaba al "americanismo", pues para él parecía significar un "reblandecimiento" de doctrina, para hacerla ligera y "sabrosa" a la gente moderna. Ireland y Gibbons rápidamente negaron cualquier huella, cualquier intento de promover herejía alguna, pero los obispos de New York y Milwaukee agradecieron al papa por haber frustrado la herejía que habían visto llegar a sus umbrales. La controversia del "americanismo" dividió a los obispos estadounidenses e hicieron a aquellos seguidores de Hecker

–anteriormente cruzados en busca de reforma– más tímidos y reservados en sus acciones.

La primera mitad del siglo XX: el modernismo católico y el entusiasmo del cambio

Al inicio del siglo XX, la Iglesia Católica vivía aún a la sombra de Pío IX y del Concilio Vaticano I, con una fuerte idea de la autoridad papal, una piedad apasionada e incluso, sentimental, y una profunda sospecha hacia la innovación. La más famosa e influyente encíclica de León XIII, en 1891, *Rerum novarum*, mostraba un desarrollo real de la doctrina social católica al apoyar el trabajo y el sindicalismo, pero León mismo conservaba claramente el modelo o estilo de Pío IX. Sin embargo, a finales del siglo XIX florecieron algunos centros de enseñanza católica: Tübingen (Alemania), el Instituto Católico en París, y la Catholic University of America, entre otras. Los intelectuales en esas instituciones se esforzaron por expresar, desde una perspectiva católica, los avances en filosofía y crítica histórica. El debate se centró en cuestiones técnicas de filosofía. En su encíclica de 1871 *Aeterni patris*, León XIII había declarado que "la filosofía cristiana" de Tomas de Aquino (o "tomismo") era el mejor modelo a seguir por los pensadores católicos. Pero, estudiosos modernistas miraban más allá de Tomás de Aquino a filósofos del periodo moderno para abordar temas como la naturaleza de la revelación y la tradición.

De acuerdo a *Pascendi gregis*, la carta condenatoria de Pío X del año 1907, el "modernismo" era un movimiento distinto que compartía dos principios incompatibles con la fe católica. Primero, según Pío X, los modernistas niegan la razón metafísica, la idea de que el pensamiento racional podría comprender algo de la realidad que está más allá del tiempo y de la historia. Segundo, los modernistas negaban lo sobrenatural y subordinaban la revelación a la interpretación de lo que sucedía en el ámbito natural. Es una cuestión abierta determinar si los individuos en particular que fueron acusados de modernistas se adhirieron realmente a esas creencias previamente mencionadas. Pero el mensaje era claro: los católicos debían ser cautos en el uso o apropiación de otro pensamiento filosófico. Sin embargo, la crisis modernista era, en efecto, el primer episodio del conflicto entre tradición e innovación cuando teólogos y filósofos católicos exploraban las fronteras del tomismo.

Quizá en parte porque ellos se habían desanimado en explorar lo nuevo, ciertos teólogos de las décadas de 1930 y 1940 buscaron revigorizar la teología con un retorno a lo antiguo. Jóvenes estudiosos franceses como Henry de Lubac y Jean Danielou comenzaron a echar una mirada fresca, renovada, a la Patrística y a los pensadores medievales, a San Agustín, San Ambrosio y a San Gregorio Magno, para encontrar una teología que diera sustento a la estética, a la pastoral, y que estuviese más cerca de la Escritura que a la teología neo escolástica de sus maestros. Este "retorno a las fuentes" recibió el sello de la así llamada Nueva teología, la cual fue ampliamente resistida por los tomistas más tradicionales. Sin embargo, a pesar de toda oposición, la nueva teología dio la pauta a gran parte del trabajo que emergería del Concilio Vaticano II. De Lubac y Danielou fueron nombrados Cardenales antes de su muerte.

El catolicismo estadounidense a mitad del siglo XX

En Estados Unidos, la población católica continuó aumentando en la primera parte del siglo XX. Con el estallido de la Primera Guerra Mundial, los católicos pronto se alistaron en mayor proporción que cualquier otra parte representativa, y combatieron al lado de protestantes. Los soldados católicos volvieron al hogar para recibir más respeto como ciudadanos del que antes tenían y sentirse plenamente parte de la sociedad estadounidense.

Cuando el resto del país se sumergió en la era del "bienestar" en los ruidosos años veinte, la cultura católica permaneció extrañamente apartada. El historiador William Halsey señaló que los católicos en el periodo de entreguerras manifestaron un fuerte sentido de auto confianza y una distancia real de la desilusión que marcó gran parte de la cultura americana y europea después de la Primera Guerra Mundial. Lo que podemos llamar una "cultura de ghetto católica" comenzaba a tomar forma; una cultura en la que el catolicismo reproducía la cultura del entorno y, al mismo tiempo, permanecía a cierta distancia. Compartiendo la prosperidad de la posguerra, los obispos católicos comenzaron con grandes proyectos de construcción: rápidamente aparecieron nuevas iglesias o templos en los principales centros urbanos e industriales. En el ghetto católico, los intelectuales leían a novelistas católicos, discutían la política católica, entre otras cosas. La creación de esta cultura se facilitó con la apertura de la casa editorial Sheed & Ward en 1933. Frank Sheed y Maisie Ward, autores consagrados por derecho propio, publicaron libros de grandes autores católicos europeos como G. K. Chesterton, Jacques Maritain y Paul Claudel. Sheed y Ward intentaron proporcionar a los católicos el material intelectual necesario para crear una cultura católica humanista estadounidense.

Los líderes católicos en la primera parte del siglo complementaron este renacimiento cultural con una labor constante a favor de una reforma social. Los obispos siguieron siendo promotores de las clases obreras y buscaron desarrollar una doctrina católica en temas de economía a fin de responder a las necesidades propias de los trabajadores estadounidenses. La iniciativa de trabajar con el pobre vino también del laicado. En 1933, Dorothy Day comenzó a distribuir su diario Catholic Worker (Trabajador Católico, que hoy se distribuye también en castellano) por un centavo, abogando por las necesidades del pobre en la ciudad. Casi por el mismo tiempo, la baronesa Catherine de Hueck, una inmigrante aristocrática de Rusia, estableció la primera casa de amistad en Harlem. En la década siguiente, siguió abriendo casas de amistad en otras ciudades importantes. Esas casas atendían las necesidades del pobre en la ciudad, ofreciéndole oportunidades y asumiendo políticas públicas a su favor.

El catolicismo estadounidense seguía creciendo hacia la mitad del siglo XX. Se encontraba en una alta posición, con fuerte liderazgo, amplios recursos, estimulando la vida intelectual y la justicia social. El Concilio Vaticano II iba a completar y extender el fortalecimiento que ya se había iniciado en la Iglesia.

🌿✝🌿

PARA REFLEXIONAR

1. ¿Cómo se puede combinar el ser católico, emigrante, estadounidense y ciudadano comprometido?

2. Frecuentemente sobreviene una reforma o una revolución, no cuando las cosas van peor, sino cuando comienzan a estar mejor. ¿Qué piensas acerca de la Iglesia antes del Concilio Vaticano II? Este breve resumen de la historia ¿apoyó o cambió lo que pensabas anteriormente de la Iglesia?

Capítulo 7

Conclusión: el legado de la fe en el tercer milenio

E l 11 de octubre de 1962, Juan XXIII inauguró el Concilio Vaticano II. Poco después de su elección a la cátedra de Pedro, a principios de 1959, expresó su intención de convocar un Concilio. Este papa apacible, supuestamente electo como un pontífice "tranquilo", a su edad, que no podría emprender grandes cosas, hizo precisamente algo grande al convocar un Concilio. El Concilio Vaticano II, como el de Trento, que hacía cuatrocientos años había terminado, era un momento privilegiado para la formación y la reforma de la Iglesia Católica. Pero, a diferencia de muchos concilios anteriores, el Papa Juan XXIII no avizoraba combatir particularmente herejía alguna ni afrontar una crisis especial, sino contribuir a unir a la humanidad, de manera que la "ciudad terrenal se asemejara a la ciudad celestial, donde reine la verdad, y la caridad sea ley". El Papa Juan criticó a los "catastrofistas" que estaban en torno suyo y que "solo veían prevaricación y ruina" en el mundo moderno. Juan intentó un *aggiornamento*, una "actualización" de la Iglesia, de manera que pudiese abrir sus brazos al mundo moderno como una "madre amorosa para todos, benigna, paciente, llena de misericordia y bondad hacia los hermanos que se habían separado de ella". Si el Concilio de Trento había girado en torno al fortalecimiento de la identidad de la Iglesia, aclarando las diferencias, el Concilio de Juan XXIII habría de completar el proceso: ofrecer una renovada apertura al mundo.

Por supuesto, como hemos visto en el capítulo anterior, parecería un error pensar que la Iglesia a la que el Papa Juan se dirigía estaba cerrada al mundo, inactiva o estancada. El predecesor de Juan XXIII, Pío XII, había sido un papa activista. Durante la Segunda Guerra Mundial, Pío XII había desafiado y denunciado las políticas fascista y nazi hacia los judíos, y había apoyado las misiones de rescate a favor de los judíos italianos en las casas e instituciones religiosas católicas. En años recientes, algunos críticos han acusado a Pío XII de no haber condenado explícitamente al nazismo. Sin embargo, un estudio más cuidadoso de sus discursos y de su recepción en Europa hace que tales acusaciones carezcan de verdad. Por el contrario,

Pío XII fue visto durante la guerra como un cruzado contra los poderes del Eje.

Al lado de su activismo político, Pío XII había apoyado y patrocinado muchas de las iniciativas académicas y culturales que hemos visto en el capítulo 5. Su *Divino afflante spiritu* (1943) había ratificado el uso moderado de los métodos histórico-críticos por los exégetas católicos de la Biblia; *Mediator Dei* (1947) había dado apoyo pontificio e inspiración al movimiento de reforma litúrgica que apenas había comenzado. Su encíclica sobre la Iglesia, *Mystici corporis* (1943) había abierto cautelosamente la posibilidad de un diálogo ecuménico. Muchas iniciativas que normalmente se asocian al Concilio Vaticano II habían comenzado y habían sido aprobadas por Pío XII, años antes de la celebración del Concilio.

¿Por qué era diferente el Concilio Vaticano II? El primer factor era Juan XXIII. Mientras que Pío XII había sido un sutil y diligente pastor, un personaje retraído, magisterial y rígido, Juan, en cambio, tenía una afable simplicidad que atraía a quienes se le acercaban. Su presencia carismática parecía emanar la misma apertura que él estaba pidiéndole a la Iglesia. Además, lo que hizo diferente al Concilio fue la asamblea misma. El Vaticano II fue la asamblea más grande y ecuménica en la historia de la Iglesia. (El Vaticano I había sido la más grande hasta esa fecha, con 733 obispos, la mayoría de los cuales había nacido y crecido en Europa). Casi tres mil obispos contribuyeron al Vaticano II, y más de la mitad de ellos venían de fuera de Europa. Mientras que muchas de las voces influyentes en el Concilio eran europeas, esta masa crítica exterior que representaba cada vez más a la Iglesia universal cambió la atmósfera del Concilio.

En la primera sesión algunos obispos se sintieron movidos a rechazar los documentos preparatorios y a redactar otros nuevos. La curia papal había preparado los documentos para ser considerados por los padres conciliares, y aunque habían introducido algunas ideas innovadoras para la reforma, seguían el estilo cauteloso que Pío XII había mostrado en sus encíclicas. Pero las voces influyentes del Concilio estaban interesadas en propuestas que fueran más que tentativas. Cuando los borradores iniciales fueron descartados cambiaron los contornos del Concilio y cambió la Iglesia Católica en el siglo XX.

El Concilio se llevó a cabo en cuatro sesiones; el Papa Juan XXIII vio sólo la primera. Aun antes de convocar el Concilio, se le había diagnosticado cáncer estomacal y sabía que no viviría para ver su fin. Cuando murió, en junio de 1963, el Concilio fue suspendido por el Cónclave, y el Cardenal Montini de Milán, una de las voces reformistas más fuertes, fue electo en la tercera papeleta de voto del primer día de votaciones y tomó el nombre de Pablo VI. Las restantes cuatro sesiones del Concilio fueron relativamente rápidas, quizá a causa del ímpetu del cambio. La última sesión se aplazó y el Concilio fue clausurado el 8 de diciembre de 1965.

El Vaticano II produjo dieciséis documentos sobre una variedad de asuntos doctrinales y pastorales. Entre los más importantes y frecuentemente citados actualmente están la *Constitución dogmática sobre la Iglesia (Lumen gentium)* y la *Constitución pastoral sobre la Iglesia en el mundo actual (Gaudium et spes)*. *Lumen gentium* es el tratado más sistemático de teología de la Iglesia que ha surgido de un Concilio. Ahí se declara que la Iglesia es "en Cristo como un sacramento o señal e instrumento de la íntima unión con Dios y de la unidad de todo el género humano" (1). *Lumen gentium* habla de la Iglesia como un medio, no como un fin; como constituida por obispos, clero y laicos, cada uno con su respectiva labor de testimonio en la sociedad. El documento hace un llamado a toda la Iglesia a una vida de santidad y de esperanza en la venida del Reino de Dios.

La *Constitución pastoral sobre la Iglesia en el mundo actual, Gaudium et spes,* es el documento más largo producido por el Concilio Es el fruto de las últimas sesiones como una forma de discurso dirigido al mundo entero. Mientras que *Lumen gentium* podría ser visto como un documento interno, *Gaudium et spes* puede representar una proclamación e invitación al mundo. Más que iniciar con una reflexión sobre la Escritura y la tradición, comienza con una discusión empírica de la condición humana en el mundo moderno, luego reflexiona sobre esta condición a la luz del Evangelio. Este es un modo de argumentación que sería imitado por los teólogos de la liberación y por los obispos de los Estados Unidos de América en sus cartas pastorales. Se trata de uno de los pocos documentos surgidos de un Concilio de fácil acceso a su lectura y que se dirige a una audiencia más amplia en lugar de dirigirse a los "especialistas de la Iglesia". Los temas tratados por los otros documentos son muy específicos y algunos de los cambios que se asocian frecuentemente con el Vaticano II se fundamentan en los dos documentos conciliares antes mencionados. *La constitución sobre la sagrada liturgia (Sacrosanctum concilium)* recomendó la liturgia en la propia lengua de los fieles y animó a los sacerdotes a asegurarse de que sus celebraciones litúrgicas den una amplia oportunidad a la "participación plena, consciente y activa de los fieles" (14). *Dignitatis humanae,* la *Declaración sobre la libertad religiosa,* reconoce por primera vez el pluralismo religioso sin condenarlo o lamentarlo. Este documento sostiene que la libertad religiosa es un principio enraizado en la libertad de conciencia: cualquier decisión por una fe específica o contra ella debe hacerse con una conciencia libre de toda compulsión o represión que pueda ejercer cualquier autoridad religiosa o secular. En efecto, esta declaración invirtió cierta tendencia en el pensamiento católico sobre la democracia liberal e hizo nuevamente posible la reconciliación entre el catolicismo y el liberalismo clásico.

El Vaticano II cambió el paisaje de la Iglesia Católica. Para los católicos más jóvenes quienes han conocido solamente la Iglesia posconciliar, la antigua liturgia tridentina parece tan extraña como los ritos de otra religión. Para algunos católicos mayores, todavía puede persistir la desilusión que sintieron cuando llegaron al templo un domingo y encontraron el altar vuelto hacia la asamblea y al sacerdote hablando en su propio idioma. Pero las opiniones sobre el legado de la Iglesia no están simplemente divididas en generaciones. La Iglesia de las últimas décadas del siglo XX y del principio del XXI todavía debe esforzarse por comprender el significado y el ímpetu del Concilio Vaticano II.

Para algunos conservadores, el Concilio fue un error. Algunos prelados católicos rechazaron la autoridad del Concilio desde sus inicios y, aún más, rompieron con Roma. El movimiento conducido por el arzobispo Marcel Lefebvre negó la legitimidad del Concilio porque, en su opinión, se invirtió o revocó la enseñanza católica sobre el modernismo y rompió con la tradición apostólica. Lefebvre fue suspendido de sus deberes sacerdotales y excomulgado en 1988 por ordenar obispos sin la autorización papal. Después de esta separación, el movimiento se dividió en aquellos que buscaban permanecer en comunión con Roma y aquellos que la rechazaban. Los primeros formaron la Fraternidad Sacerdotal de San Pedro, una orden conservadora de sacerdotes que contaban con la autorización papal para recibir formación y para celebrar la liturgia latina tridentina. Los últimos se reunieron en dos grupos, la Sociedad de San Pío X y la Sociedad de San Pío V, formando su propio "resto fiel" fuera de la comunión con Roma.

Por supuesto, la mayoría de las reacciones al Concilio no han sido tan dramáticas. La mayoría de los católicos están dispuestos y hasta ávidos de aceptar el Concilio Vaticano II, pero aún está por verse en qué consistirá esta forma de aceptación. Se ha iniciado una batalla intelectual sobre el sentido propio y el significado del Vaticano II. Ni los "liberales" ni los "conservadores" muestran signos de fuerza o voluntad predominante. En el más reciente libro de Charles Morris *American Catholic,* el autor ofrece un estudio de dos comunidades diocesanas contemporáneas de los Estados Unidos de América: Saginaw, Michigan, y Lincoln, Nebraska. Al momento de la encuesta, la diócesis de Saginaw era pastoreada por el obispo Kenneth Untener, uno de los obispos estadounidenses más liberales. El obispo de Lincoln es Fabian Bruskewitz, quizá el más claro representante de los obispos estadounidenses conservadores. Lo fascinante en el estudio de Morris es que ambas comunidades manifiestan gran vida —aun cuando cada comunidad parece tender hacia una piedad particular— ambas parecen profundamente comprometidas con la Iglesia y su misión. Ambas comunidades parecen atraer a jóvenes y a viejos. Uno se pregunta si el estudio revela un hambre estadounidense de notoriedad o de "creer en algo" y que lo que menos importa sea ese "algo". Pero es difícil decir cuál de esas dos modalidades representará esa hambre o búsqueda para el catolicismo en el siguiente milenio.

En un contexto más amplio, pueden observar se las mismas tendencias polares a nivel mundial. La causa liberal ha obtenido mucho de su inspiración y de su apoyo intelectual de los teólogos de la liberación latinoamericanos. Para el más famoso de ellos, el padre Gustavo Gutiérrez, la teología de la liberación es una teología que empieza desde la experiencia del pobre y del oprimido. Se trata de un movimiento que enfatiza la conexión entre la justicia y la dignidad aquí y ahora para el pueblo de Dios y la salvación eterna, y así hace un llamado a integrar lo "místico" y lo "político". Algunos teólogos de la liberación han sido criticados por las autoridades en Roma por simplificar la relación entre la justicia política y la salvación eterna, y esto podría llevar a colocar la dimensión política a la vanguardia de la preocupación por la salvación. Algunos teólogos de la liberación emergieron de las "comunidades de base", o pequeñas reuniones locales de la gente comprometida en la oración, en la justicia y en el apoyo mutuo. El éxito de estas comunidades condujo al desarrollo del ideal de las "comunidades de base" en otros contextos, fuera de Latinoamérica y a un énfasis en la justicia social como la piedra angular de la identidad católica. Los teólogos católicos que compartían esas preocupaciones escribían para una publicación fundada en el despertar del Concilio llamada muy apropiadamente "Concilium" (en latín, "Concilio"). Los editores de la publicación percibieron que estaban ocupados en continuar y extender la obra del Concilio Vaticano II.

Por otra parte, algunos católicos se mostraron preocupados porque el "espíritu del Vaticano II" había sido llevado a traspasar los parámetros que originalmente intentaron los padres conciliares: la preocupación de la Iglesia de abrirse al mundo moderno y su énfasis en la justicia social acarrea el grave riesgo de distorsionar la verdad y de mutilar la riqueza y peculiaridad de la tradición católica. Aquellos preocupados por estos riesgos han creído que la teología de la liberación y otros movimientos posconciliares sacrifican el misticismo por la agitación de lo político o, peor aún, fusionan el misticismo y la política sin distinción. Algunos movimientos laicales y clericales que parecen compartir esas preocupaciones han crecido y se han esparcido por todo el mundo, entre ellos está el *Opus Dei* de España y "Comunión y liberación" de Italia. Henri de Lubac, S. J., uno de los fundadores del movimiento de la "Nueva teología" y teólogo experto del Vaticano II, compartió la preocupación por lo místico y lo político en la última etapa de su vida. Así lo hizo también Hans Urs von Balthasar, teólogo suizo. Joseph Cardinal Ratzinger, actualmente Benedicto XVI, es quizá el teólogo que más ha hablado de esta preocupación (lo místico y lo político) de la Iglesia en los últimos tiempos. Algunos escritores que comparten la misma inquietud han expresado sus opiniones en una publicación internacional llamada *Communio* (de nuevo, el nombre es totalmente apropiado, puesto que sus colaboradores han buscado preservar el equilibrio y la conexión entre comunión con Dios y comunión con los demás).

¿Qué significa todo esto? Ambos, "liberales" y "conservadores" en la Iglesia Católica de la actualidad sostienen que sus acciones son expresión natural del Concilio Vaticano II. ¿Están ambos en lo correcto? Hemos visto a lo largo de todo este libro que la historia y el legado de la fe no están exentos de conflicto y de amargas disputas. Hemos visto también (con esperanza) que este conflicto puede ser positivo para el desarrollo de la Iglesia. Hemos corroborado que algo bueno ha salido de las disputas en busca de la clarificación de la teología y la cristología en la Iglesia antigua; de los conflictos entre los papas y los emperadores sobre la naturaleza de la autoridad de la Iglesia en la Edad Media y del conflicto en torno a la Reforma protestante. Estoy convencido de que el desafío de este siglo consistirá precisamente en llegar a un acuerdo sobre el significado del Concilio Vaticano II.

Tal como están las cosas actualmente, los "liberales" afirman que la justicia social es su aportación propia al cumplimiento del llamado hecho por la *Constitución pastoral sobre la Iglesia en el mundo actual*. Los "conservadores", según parece, prefieren reflexionar sobre *Lumen gentium*, la *Constitución dogmática de la Iglesia*, y centrarse en la naturaleza, la identidad de la Iglesia en relación a Cristo. ¿Son estos dos movimientos mutuamente excluyentes? Si no lo son, necesitamos tener mucho cuidado en discernir cómo pueden ser compatibles. Los conservadores sostienen que son los guardianes de la piedad de la Iglesia —elemento que constituye su unión con Cristo. Los liberales prefieren la solidaridad con el mundo. La cuestión que debe guiar a la Iglesia del siglo XXI es: "¿Podemos encontrar un modo de vida, una espiritualidad, para una Iglesia que está unida a Cristo y en solidaridad con el pobre?" "¿Podemos tener una Iglesia que sea al mismo tiempo *mística* y *política*, sin sacrificar un término al otro?" Si esto es posible, ¿cómo se llevaría a cabo?

¡*Ad fontes!* Esto es, regresar a las fuentes de la fe cristiana para obtener la inspiración y encontrar la guía necesaria. Sospecho que la respuesta a las preguntas anteriores no vendrá de las conversaciones, aun cuando yo aplauda iniciativas como la de la *Common Ground* del cardenal Joseph L. Bernardin, el cual proponía la apertura de las líneas o medios de comunicación. Sospecho que la solución, si es que la encontramos, provendrá del carisma de un santo, de alguien cuya aguda visión de la Iglesia y del mundo pueda penetrar el núcleo de la problemática y encuentre un modo de vivir el Evangelio que sea al mismo tiempo místico y político, siempre antiguo y siempre nuevo.

Hace muchos años, San Agustín se sintió animado a convertirse al escuchar la historia de San Antonio de Egipto. Siglos más tarde, Hildebrando, que llegó a ser Gregorio VII, logró ver el mundo en una perspectiva diferente al leer la historia de la Iglesia antigua en el libro de los Hechos de los Apóstoles y al considerar el ejemplo de vida de San Benito. San Ignacio de Loyola se convirtió al leer acerca de San Francisco y Santo Domingo. Este es el mejor aspecto del legado de la historia de la Iglesia. Renacemos y nos renovamos constantemente cuando volvemos a nuestras propias fuentes. Elevo mis plegarias con la esperanza de que nosotros, en la Iglesia, encontremos inspiración para librar las batallas que tienen lugar cada día.

La historia de la Iglesia es la historia del legado de la fe. En este pequeño libro he intentado transmitirte de forma breve lo que yo he recibido: que Cristo murió por nuestros pecados, que fue sepultado y que fue resucitado al tercer día según las

Escrituras; que Pablo fue testigo de esta verdad que trascendió la primera Iglesia; que miles y miles de fieles, papas, laicos –hombres y mujeres– a lo largo de casi dos mil años se han esforzado por vivir el Evangelio de alguien que fue crucificado y que resucitó de entre los muertos; que a veces han acertado y a veces se han equivocado; y que sus vidas, sus retos y su fe pueden agudizar nuestra mirada y abrir nuestros corazones para afrontar los retos del Evangelio aquí y ahora; que con la ayuda de Dios, finalmente, continuaremos la tradición y transmitiremos la fe al siguiente milenio. Amén. Amén.

Bibliografía

Cosío Villegas, Daniel, ed. *Historia general de México.* México: El Colegio de México, 2000.

Davis, Cyprian. *"History of African American Catholics in the United States."* New Catholic Encyclopedia. Ed. Bernard L. Marthaler, O.F.M.Conv., S.T.D., Ph.D. Washington: Catholic University of America Press, 2003. Páginas 154 – 162, Tomo I.

——, "In the beginning, there were black Catholics", *U.S. Catholic* (April 1993): 7–14.

Dolan, Jay P., and Figueroa Deck, Allan, ed. *Hispanic Catholic in the U.S. Issues and Concerns.* Notre Dame: University of Notre Dame Press, 2003.

Dawson, Christopher. *Religion and the Rise of Culture.* New York: Doubleday-Image, 1991.

Evennett, H. Outram. *The Spirit of the Counter-Reformation.* Notre Dame: University of Notre Dame Press, 1970.

Frend, W. H. C. *The Rise of Christianity.* Philadelphia: Fortress Press, 1984.

Hsia, R. Po-Chia. *The World of Catholic Renewal 1540-1770.* Cambridge: Cambridge University Press, 1998.

McBrien, Richard, ed. *The HarperCollins Encyclopedia of Catholicism.* New York: HarperCollins, 1995.

Morris, Charles. *American Catholic.* New York: Random House, 1997.

Olin, John C. *Catholic Reform: From Ximenes to Trent.* New York: Fordham University Press, 1992.

Vidler, Alec. *The Church in an Age of Revolution, 1789 – Present.* London: Penguin Press, 1971.

Reconocimientos

Las citas bíblicas corresponden a la *Biblia de América* © La Casa de la Biblia, 1994 y © PPC, Sígueme y Verbo Divino. Textos impresos con los debidos permisos. Todos los derechos reservados.

Los extractos correspondientes al *Catecismo de la Iglesia Católica* © 1997, son propiedad intelectual de la United States Conference of Catholic Bishops, Inc. – Librería Editrice Vaticana. Washington, DC.

Los textos correspondientes a las encíclicas papales y a las publicaciones de los distintos dicasterios del Vaticano, son propiedad intelectual de Librería Editrice Vaticana. La versión oficial puede encontrarse en www.vatican.va.

Loyola Press ha hecho los intentos posibles y necesarios de contactar a los propietarios de los derechos de autor de las obras citadas en esta publicación a fin de obtener su permiso y acreditar propiamente su trabajo. En el caso de alguna omisión, la editorial corregirá la omisión y/o error en las próximas ediciones.

Acerca del autor

Kevin L. Hughes, Ph. D., es miembro del programa posdoctoral Arthur J. Ennis en Villanova University. Ha impartido cursos sobre distintos temas relacionados a la Historia de la Iglesia, desde la historia de la primera Iglesia, hasta la liturgia, y las reformas católica y protestante. Ha sido catequista y ha trabajado en la educación de los adultos exponiendo temas de historia y espiritualidad en algunas parroquias de Chicago y Filadelfia. Obtuvo su doctorado en Historia del Cristianismo en University of Chicago Divinity School. Su interés particular está en la historia de la Iglesia medieval.